知识生产的原创基地

BASE FOR ORIGINAL CREATIVE CONTENT

RADICAL CURIOSITY

QUESTIONING COMMONLY HELD BELIEFS TO IMAGINE FLOURISHING FUTURES

[美] 塞思·戈登伯格（Seth Goldenberg）◎著

王杨◎译

浙江教育出版社·杭州

图书在版编目（CIP）数据

激进的好奇心 / (美) 塞思 · 戈登伯格
(Seth Goldenberg) 著 ; 王杨译 . -- 杭州 : 浙江教育
出版社 , 2025. 9. -- ISBN 978-7-5722-9727-4

Ⅰ. B848.3-49

中国国家版本馆 CIP 数据核字第 20250S2U30 号

激进的好奇心
JIJIN DE HAOQI XIN
［美］塞思 · 戈登伯格（Seth Goldenberg） **著**
王杨　**译**

责任编辑　赵清刚
美术编辑　韩　波
责任校对　马立改
责任印制　时小娟
翻译支持　云彬翻译社区
出版发行　浙江教育出版社
地址：杭州市环城北路 177 号
邮编：310005
电话：0571 - 88900883
印　　刷　文畅阁印刷有限公司
开　　本　880mm × 1230mm　1/32
成品尺寸　147mm × 210mm
印　　张　8.5
字　　数　205 千字
版　　次　2025 年 9 月第 1 版
印　　次　2025 年 9 月第 1 次印刷
标准书号　ISBN 978-7-5722-9727-4
定　　价　69.00 元

谨以此书献给我的家人，他们在生活中永远充满好奇，是我的好伙伴。

感谢莉兹·牛顿（Liz Newton），她给予我极大的支持，并致力于让想象力成为最重要的价值——这一美好的原则赋予了伊莱（Eli）强大的同理心，激发了露西（Lucy）对生活无尽的热情。这本书就是为伊莱和露西而作。

受汉娜·阿伦特（Hannah Arendt）观点的启发，即“决定我们是否足够爱我们的孩子的，不是把他们从我们的世界赶出去，任由他们自生自灭，而是让他们为重建我们共同的世界提前做好准备”，真诚地希望这本书能帮助读者为未来的挑战做好准备。

目录

青春

活力

自然

价值

实践

引言

好奇心是一种稀缺资源

2021 年 10 月 4 日，在史蒂夫 · 乔布斯（Steve Jobs）逝世十周年的前一天，乔纳森 · 伊夫（Jony Ive）在《华尔街日报》上发表了一篇感人至深的评论文章，以纪念好友。作为苹果公司的首席设计官，伊夫与乔布斯的关系非比寻常：一种亲密的合作，植根于创意过程中的彼此欣赏。伊夫认为乔布斯的典型特质是：富有好奇心。

“毫无疑问，他是我见过的好奇心最强烈的人。他那永不满足的好奇心，超越了知识的边界，既非临时起意，也非被动产生。它汹涌澎湃、活力四射，又躁动不安。他将自己的好奇心有意识而严谨地付诸实践。我们很多人天生就有好奇心。在接受了传统教育的熏陶以及与很多人共事后，我发现，好奇心成了需要刻意培养才能保持的品质。”伊夫简洁地勾勒出了乔布斯的形象，展现了什么才是真正充满好奇心的生活。这种生活的特点是，对未知事物的探求有一种永不满足的欲望。

伊夫继续说道：“在更大的群体中，我们的谈话倾向于有形的、可衡量的内容。谈论彼此已知的事情会更舒服、更简单，也更易于被社交圈所接受。对乔布斯来说，保持好奇心、探索不确定的想法要比融入社交圈重要得多，好奇心要求我们不断去学习。对乔布斯而言，学习比成为标准答案重要得多。”

如果将好奇心作为一种生活方式和工作方式，我们的社会可能会对此感到不安。然而，事实上，好奇心是变革型领导力和价值创造的重要燃料。

现代世界似乎在不经意间被设计成了一种倾向于消除好奇心的模式。在面对商业领域的激烈竞争和严峻的生存考验时，好奇心的逐渐消逝竟成了一种权宜之计。然而这种趋势亟须我们反思，事实上，现在比以往任何时候都需要重燃好奇心。

社会已逐渐形成了迅速趋向解决方案的惯性，速度之快，以至于我们常常在还没彻底了解问题之前就直接跳到了答案。我们流于表面，对问题进行错误的诊断，假设每个钉子需要的都是同一款锤子。我们受到了权宜之计的诱惑，这让我们在某种程度上以为自己已经做了一些事，甚至做了该做的所有事。交易的发生比交易是否产生积极影响更重要。这些交易已成为一个重视行动而非思考的市场的重要特征。我们设计了这样一种经济制度，只要轻轻松松做点什么就能获得回报。

克罗地亚裔奥地利哲学家伊万·伊利奇（Ivan Illich）在其50年前出版的《非学校化社会》（*Deschooling Society*）一书中对这一现象进行了描述。他指出，我们已经将行动与结果混为一谈，一旦这二者变得模糊，就会产生一种新的逻辑：“处理得越多，结果就越好，或者说升级带来成功。因此，学生被‘教育’混淆教与学，将成绩提高与教育本身混为一谈，将学历与能力混为一谈，将流利表达与阐述新事物混为一谈。学生的想象力被‘教育’成以接受服务来替代接受价值。医疗被误认为是保健，社会工作被误认为是改善社区生活，警方保护被误认为彻底安全，部署军队被误认为是国家安全，职场竞争激烈被误认为是工作颇有成效。”

这些见解在今天甚至比半个世纪前更有意义。今天，我们可能不仅混淆了过程和实质，甚至我们未能质疑我们的过程、审慎我们的行为，这或许才是更令人担忧的征兆：好奇心是一种稀缺资源。

好奇心的消失扼杀了我们的想象力，我们不再拥有创造美好未来的能力。

没有了强大的好奇心文化，想象力就会变得软弱无力，我们所做的一切就是过一天算一天：管理交易，机械性地完成任务，把事务交给我们的代理人，维持无效的现状。我们成为“问题—解决”这一过程中的终端管理者。我们变成了预定解决方案的管理者，而不是未知问题的提出者。我们消费着别人为我们做的选择，放弃了成为自己故事主角的权利。我们只有向已知发起挑战，才能更好地掌握未来。

挑战前人认定的智慧，会迫使我们对现有知识有更深刻的理解，同时揭示主流思想中潜在的差距或错误。新知识的发明就是为了识别这些错误、建立跨越这些差距的新桥梁。我们通过更新前几代人的集体智慧，为人类未来的故事做出贡献。好奇心文化正是探究和发明的结合，这种文化的濒危让我们付出了高昂的代价，无论个人还是社会。

我们生活在我们看不到的约束中，觉得自己能产生更大的影响力，这个结果让我们欣喜不已。我们没有意识到，自己已经远离了探究之源，而这也限制了我们想要创造的潜在影响力。

事实上，我们已经非常自豪地接受了这个有限的领域。在非正式的交谈中，我们会听到诸如“创意比比皆是”之类的陈词滥调。“崇尚行动”或“行动导向型领导者”的名声就像一枚荣誉徽章一样戴在身上。种种迹象都表明在我们这个社会中，质疑遭到贬低，行动却被高估。

纵观整个20世纪，知识变得高度分离，日益趋向专业化、工业化和惯例化。成功与生产紧紧联系在一起，思考的过程变成了一种交易，只有当生产出商品化的答案时才有价值。

领导力意味着管理大量预先确定的解决方案，这些解决方案可用于解决重复出现的、可识别的问题。解决问题已经沦为一种管理形式，只需从一系列解决方案中选择即可。如今，实施解决方案比创造新智慧重要。问题在于，之前的解决方案，低估了当今世界的复杂性。这让我们没有能力应对今天的挑战：要么是我们以前从未见过的，要么是让我们回到几个世纪以来一直回避的关于人类处境的根本问题。

随着世界变得越来越复杂，单一的解决机制已不够用。今天的挑战需要跨学科的方法和多种视角，以及将现有知识转换成适应新场合的能力。正如诗人奥德丽·洛德（Audre Lorde）提醒我们的那样：

根本不存在什么单一问题，因为我们的生活从来都不是单一的。

我们熟悉的答案已经解决不了现在的问题，过去的解决方案是思维的产物，它制造了我们试图面对的问题。我们要抛弃这些过时的且无法再为我们服务的模式。

当好奇心被转化成一种以探究为目的的方法时，它就有能力改变我们的生活方式。我们有不少唾手可得的神奇工具，但我们这个时代的危机不是商业的、技术的或科学的危机，本质上是人文主义危机。我们需要对现代人类经验的理论和本质进行探究。21 世纪，我们将如何生活、学习、工作、娱乐？

我们什么时候放弃了对最初想法的主张，又从什么时候开始对创造新知识不再感兴趣，我们能把好奇心从消逝的边缘拉回来吗？

我相信我们可以。为了不让好奇心彻底消失，我们不仅要有质疑的欲望，而且要有强烈质疑的欲望。

“radical”这个词是 14 世纪从拉丁语“radicalis”借来的，意思是“根”。强烈质疑是必要的，因为它是审视和深思当今问题的关键。越根本的问题，越能激发想象力。遗憾的是，我们在表面工作上花了太多的时间，匆忙穿梭于各项任务之间，却忽略了更深层的根本问题。我们要勇于对我们面临的复杂挑战进行重新定位、重新认识与再处理。我们有机会重新构想我们的世界。今天，我们正在目睹塑造我们社会的传统叙事方式被颠覆。从性别到社会公正，从金钱到我们与自然界的关系，我们所继承的故事、社会规范和历史模式正在受到挑战。

我们生活在两个时代更迭的交界地带，生活在一套套由自我认知、自身信仰以及如何将个人价值观转化为实际行动的范式之中。在政治上，“过渡期”一词被定义为两个连续政权之间的一段时间，是连续政权的中断期或间隔期。这种过渡期通常被视为两种不同意识形态并存的时期，这一时期的特征相当明显，其标志是在政治管理方面出现了里程碑式的变化。这种变化在历史的后见之明中会体现得更加清晰。今天，我们生活在一种更抽象但同样重要的过渡期：这种过渡期是文化上的，而不是政治上的。

社会是通过共同准则联结在一起的，这个准则规定了我们的信仰，以及信仰如何转化为我们的生活方式。就像电脑的操作系统决定了电脑的基本功能一样，文化也是一种操作系统，它决定了我们社会的运作方式。众多微协议共同编织成一套完整的规则体系以及社会普遍认同的价值观。

文化过渡期是完全不同的价值观之间的过渡，促进了人类经验的共享。在文化过渡期，来自过去的思想会衰落，因为我们会质疑遗产叙事，进而质疑我们从前几代人那里继承来的规范、信仰及思维方式。与此同时，我们见证了对新兴理念进行的有意义且多样化的实验，这些理念挑战了我们对自己、对商业、对文化乃至对人类存在意义的一些根深蒂固的核心信念。在商业中，我们通常将其称为颠覆性创新。但是，对于这些颠覆性创新，我们或许可以将其更好地理解为：充满极度好奇心的创业者在文化过渡期为文化操作系统的升级贡献了自己的一份力量。

遗产叙事在公众想象中占有一席之地。它承载着根深蒂固的传统和与之相关的信息，强化了叙事、权力结构和巩固我们自我认同的信息。相较之下，挑战者叙事则是仍在学习爬行的新生想法。它们进入公众思想中的旅程更缓慢、更艰难，但它们最终将取代遗产叙事，成为主流现实。这种势头会在主流观念之间产生摩擦，就像一场有很多辆车参加比赛一样，在不同的时刻，会有不同的观点领先。

文化过渡期是一个混乱的中空地带，遗产叙事和挑战者叙事在此地带共存。我们能感受到摩擦、不确定性和成长的烦恼，因为社会的许多方面都在发生变化——变化的速度却不同。

许多人感觉挑战者叙事像是从天而降一般，事实上，这些新信仰的种子可能已经发芽一段时间了。然而，其规模扩大的速度不仅是其行动力的证明，也是那些挑战社会制度的人的力量的证明，而这些社会制度对我们而言已无关紧要。很多时候，遗产叙事只服务于少数权力拥有者，而最具破坏性的是，遗产叙事会主动剥夺某些群体、某些人的权力或他们在世界上的生存方式。当社会制度不能真正为更多的人或更多的群体服务时，我们就会看到挑战者叙事的出现。

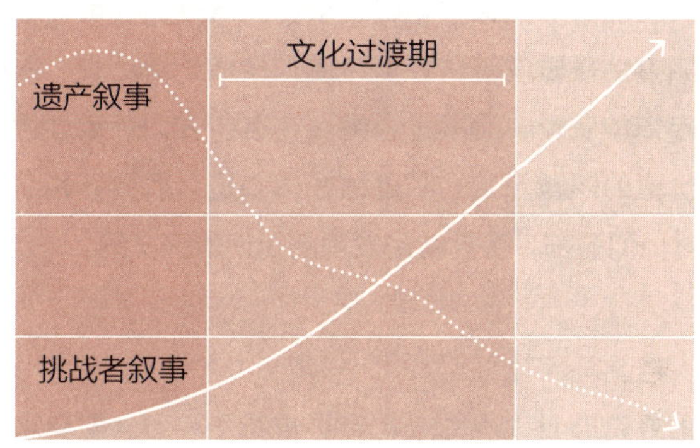

当然，我们今天看到了这一点。跨性别平等运动则倡导了一种关于性别认同的新叙事。要想让挑战者叙事真正站稳脚跟，新思想就必须在公共领域获得认可。这种新思想的普及范围越广，挑战者叙事就越强大。

大家都期待拥有美好的未来，激进的好奇心质疑普遍的信念，以想象蓬勃发展的未来。保持激进的好奇心就是挑战过去的叙事，并创作出新故事，讲讲我们是谁，说说我们今天看重的是什么。我们要认识到，我们的集体智慧，就像任何过时的技术一样，需要升级操作系统。

好奇心的五大支柱

激进的好奇心是一种领导才能：它可以应用于我们的个人生活，维持我们的社交生活并促进社会参与。这是一种实践，为跨部门和跨领域的弹性价值的实现创造了条件。

通过质疑来学习

激进的好奇心要求我们批判地看待世界，而不是被动地接受世界。激进的好奇心迫使我们质疑权力的运作方式（通常是无形的），而不是接受世界呈现给我们的权力结构。激进的好奇心赋予我们挑战现实的能力，并通过对话寻求与他人接触的新途径。激进的好奇心源于对未知的敬畏，而不是恐惧。在这些方面，激进的好奇心从提出更有价值的问题开始。**激进的好奇心是对教授者和学习者的最佳诠释，对他们而言，生活就是发现新知识的同义词。**

挑战人们普遍持有的信念

激进的好奇心对人类的进化经历进行了校订，它要求挑战我们的智慧，而不是不加质疑地接受传统和惯例。这是一种哲学行为，也是一种对知识的热爱。在通常情况下，普遍持有的信念正因太普遍，以至于被伪装起来。锁定一个普遍持有的信念、剥离它赖以成立的假设、不断寻求干预措施和杠杆点以产生更大的影响，这就是挑战者的生命周期。拥有激进好奇心的人对知识的追求如饥似渴，不是将知识作为一种固定的资源，而是一个持续的过程。**哲学家是什么，激进的好奇心给出了最好的答案：致力于重建新知识的思想家。**

一丝不苟地想象

激进的好奇心催生了新现实的诞生。世界的构建始于一个个新想法。这些新想法是我们想象力的表达。我们对想象力的投入不足，使其沦为单纯的数字绘画。我们把创造新的表达、解释和构建世界的深刻力量视为理所当然。想象力是一门严谨的学科，是我们最宝贵的资源，它推动着科学、人文、艺术和商业领域的价值创造。所有引人注目的创业企业、带来变革的社会运动和技术突破都始于一种充满灵感的可能性。**艺术家是什么，设计师又是什么，激进的好奇心给出了最好的答案：愿意充分利用我们的感官来创造新世界的人。**

繁荣的生命系统

激进的好奇心要求我们给幸福下一个更广泛的定义。在一个相互依存的世界里，没有公平公正就没有幸福。道德标准是衡量人类健康的一个关键指标。种族主义和不平等就是全民健康问题。不伤害已经远远不够。此刻我们需要的不仅是一个可持续的未来，而且是一个可再生的未来，在未来，人类和非人类的生命系统都会兴旺繁荣。维持现状可不是我们的目标，拥有繁荣的生命系统才是。为了改善我们支离破碎的社会体系，我们必须成为道德市场的管理者，在这个市场中，价值来源于我们的价值观。**激进的好奇心是对“什么是活动家、环保主义者和经济学家”的最佳诠释。它是一种实践，必须被允许渗透到我们的制度、行为和衡量标准中。**

乐观的未来

激进的好奇心建立在乐观主义之上，认为非凡是可能的。乐观主义是一种倾向，也是一种设计感。未来不是单向流动的，也不是由某个发起人或线性二分法决定的，未来是多元的。相互关联的复杂条件将不同的可能性混在一起。激进的好奇心让我们体验到将荒谬的不可能变为现实的喜悦和奇迹。这些都是乐观主义行为的表现。我们渴望实现登月计划，设计出乌托邦社会，采纳完美思想，追求那些能够为人类和地球创造弹性价值的大胆愿景。**企业家是什么，未来主义者是什么，领导者又是什么，激进的好奇心给出了最好的答案：愿意提高我们的抱负和期望的标准的人。它是针对冷漠的一**

剂解药，让我们不满足于现状，并鼓励我们去问我们的将来可能是什么样子。

第一性原理

第一性原理这一概念可以追溯至亚里士多德，他将第一性原理定义为“认识事物的第一基础”，是关于一个想法、一个问题或一种情况的基本假设：一个不能进一步解构的统一体。作为知识的基石，它相当于数学中的质数或化学中的元素周期表。

对想法进行解构以找到其根源和基本核心，是设计第一性原理思维者非常熟悉的一种操作。第一性原理思维通常应用于与数学、工程学和系统设计相结合的创新。埃隆·马斯克（Elon Musk）是我们这一代人中最具创新精神的，他经常谈到对思维的尊重。

埃隆·马斯克说道：“我认为人们的思维过程太拘泥于以往经验的惯例或类推。很少有人尝试用第一性原理来思考问题。他们会说‘我们会这么做，因为我们一直都是这么做的’，而他们不会这么做，也是因为‘嗯，没人这么做过，所以这么做肯定不好’。但这种思维方式很荒谬。你必须从头开始建立推理——‘从第一性原理开始’是物理学中用到的表述。着眼于基本原理并以此为基础构建你的推理，然后再看结论是否成立，这种做法可能与前人的做法不同，也可能相同。”

埃隆·马斯克对这种思维方式的推崇并不是个案。纵观不同的行业及文化，我们熟知的一些著名的图标都有悠久的传统，即将事物分解成基本元素，并以新的方式对这些元素进行组合，以释放出更多的价值。这个传统是一切事物诞生的前提，从分子烹饪（一种创新的烹饪方法，将食材分解为基本的物理和化学成分）到爵士乐（其起源打破了古典音乐的结构，使自发原创和即兴创作成为可能）。

激进的好奇心始于第一性原理思维。它需要将想法、假设和叙事分解为各自最基本的组成部分，然后对它们进行重构。有着激进的好奇心的实践者将传统解构成可弯曲、可操控、可重新组合的构建材料。由于将来自不同领域的最佳元素进行了重新组合，便很难对这些跨学科的混合行为进行分类。先行者创造了新的词汇，起初观众无法识别，后来他们将新词编入字典，他们的实践也日趋成熟，这些新词便成了新的类型。以爵士乐为例，它从字面上对声音进行解构，借鉴了不同的音乐流派，再将它们重新组合，创立了一个全新的词语。再没有比迈尔斯·戴维斯（Miles Davis）的创作更伟大的解构和重构了。

他那激进的好奇心在《纽约时报》的讣告中得到了认可："戴维斯先生绝不会局限于一种风格；每隔几年，他就会为他的乐队创建一个全新的阵容和表演形式。戴维斯先生生长于比博普（Bebop）时代，后来许多相继出现的爵士乐风格（冷爵士、硬波普、模态爵士、摇滚爵士、放克爵士）都受到他的启发或由他认定。迈尔斯·戴维斯在他的整个职业生涯中，以蓝调为基础，同时借鉴了流行音乐、弗拉门戈音乐、古典音乐、摇滚乐、阿拉伯音乐和印度音乐。"

迈尔斯·戴维斯对音乐流派进行了解构，创造了一种全新的声音。埃隆·马斯克对物理学定律进行解构，制造出新型的汽车电池。何塞·安德雷斯（José Andrés）对食物进行解构，创造出分子美食。对于那些拥有激进的好奇心的人来说，这种不确定性不是要尽力回避或谨慎处理的复杂问题，而是价值所在。

如果将这个基本的质疑过程应用到我们这个时代极具挑战性的社会制度问题上，结果会怎样？如果我们不仅将"激进"的机会理解为探究的过程，还将其视为有权改变探究的主体，那又会怎样？

“激进的好奇心”能解决几个世纪以来一直带给我们挑战的最根本问题吗？

环顾四周，传统正在被颠覆，遗产叙事正在被挑战者叙事所改写。我们的许多信仰、故事和社会结构已然过时。如果我们对自己要求得更多，我们能做到的就更多。对自己提出更多的要求，就是拥抱激进的好奇心，把它作为一种生活方式，让更多的想象力进入我们的生活。是时候问那些让人不舒服的问题了，即深层次的、本质的问题，与我们关系密切、不为人知的问题，触及事件根源的问题。这些问题不仅促进了现有知识的转移，还催生了新知识。只有坚持不懈地质疑我们的过去和现在，我们才能开始想象并打造一个繁荣的未来。这种探究的实践是我一生追求的基础，也是这本书的基础。

本书确立了对激进的好奇心进行实践的七大核心主题，每个主题都围绕着一个正在经历重大转变的叙事展开。我们对学习、凝聚力、时间、青春、活力、自然和价值的看法正在被颠覆。定义这些核心的传统框架正在让位于新兴的叙事。本书汇集了观察、问题、个人故事、文化评论和案例研究，旨在揭示何为激进的好奇心。

本书的每个小节既可作为独立的文章阅读，也可从头至尾连续阅读。无论怎样阅读，本书都是为了启发大家接受一种新的思维方式。这些发现、见解、反思和问题源于我一生对普遍信念的挑战，以及 20 多年来与不同地区的极具天赋的挑战者的合作。

我真诚地希望这本书能激发你的好奇心、拓展你的想象力，带给你新的声音和想法，给你的生活和工作带来启发。

学习

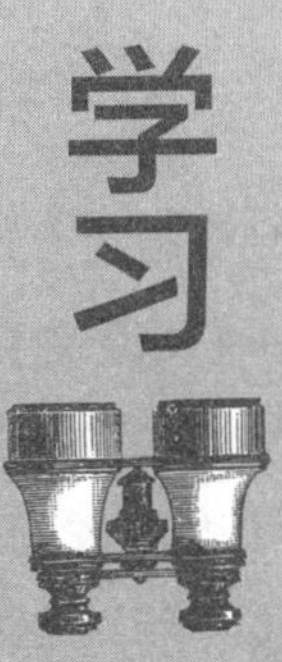

好奇心源于对未知的敬畏和学习，相较于融入既定的社交圈，保持一颗探索未知的好奇心更有价值。好奇心驱使着我们持续学习，而学习比成为标准答案更重要。

体验无限，触达有限

不亲眼看看这个世界，我们对它的了解能有多少？不亲身经历，我们又怎能欣赏世界上众多不同的思维方式和存在方式？不亲自体验，又如何将我们的世界观拓展至自身经验的范围之外？我们所说的多样性到底是什么？

知道得越多，就越意识到自己的无知。学习和谦逊是一对亲兄弟。谦逊是一种颂扬，颂扬我们意识到自己是比自己更伟大的某种存在的一部分。将这种形式的谦逊作为当下的敏感性，借此调节与世界的关系，形成互联。通过谦逊，我们了解了自己与其他力量的关系。这是一种关系的生态，是人与人的关系，也是人与自然的关系，是一个不断运动的生命系统。

谦逊要从生活的实践中去学，从生活的体验去学，置身于广袤浩瀚的世界、感受我们自身的复杂多变。没有任何捷径可走。没有哪本学习指南能准确地解释什么是谦逊。十年级的课本不会教我们该怎样谦逊。要想真正领悟体味它的真谛，就需要鲜活的知识。信息性知识和经验性知识之间存在着巨大差异。经验性知识是一种多感官的见证，而不是经过扫描测试的信息化商品。正如传奇人物玛雅·安吉罗（Maya Angelou）所说:“人们会忘记你说过的话，也会忘记你做过的事，但他们永远不会忘记你带给他们的感受。”对此我深有感触。

经验是学识渊博的导师，亲身体验让我们的理解力成倍增长，更好地理解世界上发挥作用的各种力量，让我们可用的词汇成倍增加，以此描绘未来世界的模样，不断提升我们的想象力，想象我们将如何生活在这个世界上。

把经验性知识作为生活的基石，给了我们坚定的信心，让我们在面对未知事物的复杂与深奥时不再心生畏惧。置身于不同的环境或踏入未曾涉足的领域，学会将那些不确定性转化为探索的机遇，视之为一场场激动人心的冒险。我们的地理半径会扩大，世界观的半径也随之而扩大。每前进 1 英里[①]，我们就会推翻自己的假设，质疑那些阻碍我们前进的错误和限制。这些就是转化式学习的种子。现实生活要比我们称之为教室的人工环境更有利于学习。

在过去的 50 年里，工程技术的进步赋予了我们拓展个人活动半径的非凡能力。踏上旅途，既是字面之意，也是隐喻所指。然而，我们大多数人却很少远离我们所知之地。我们在一个个场所、机构和文化中度过了一生——有些是在现实世界里，有些则存在于虚拟网络中——这些场所、机构和文化强化了我们原有的世界观，却并未将其拓宽。至于世界上的其他人都在信仰什么、在做些什么，我们却从未真正接触过。世界比我们所知的更丰富、更精彩。从这个层面上来说，旅行与享受无关。作为一种接触体验的形式，旅行成为最重要的学习形式，因为它是鲜活知识的主要来源。

《未知之旅》（*Parts Unknown*）的悲剧主人公安东尼·波登（Anthony Bourdain）说过：“要说我有什么建议的话，那就是在路上。尽可能往远了走，尽可能去更多的地方。漂洋过海或者只是过条河也行。设身处地为他人着想，或至少试着体会

① 1 英里≈ 1609.344 米

他人的处境。对每个人来说这都是加分项。”

2019年有3779万美国人（占美国总人口的11%）出国旅游。这一统计数据并没有反映出3779万人的出行距离他们熟悉的舒适区有多远。这意味着，2019年大约只有1/10的美国人离开了自己的国家。当然，国际旅行费用不低，这也给出游的人带来了经济负担。但是，是什么样的文化负担让一个国家90%的人不愿离开自己本国的叙事环境？对那些因为接触外界有限而仍危险地困在自己回声室的人来说，这又意味着什么？

《人生的悲剧意识》（*Tragic Sense of Life*）的作者米格尔·德·乌纳穆诺（Miguel de Unamuno）也是萨拉曼卡大学——目前仍在招生的欧洲第三古老大学的校长，乌纳穆诺提出了以下这条有名的建议：

阅读可以治愈法西斯主义，旅行可以治愈种族主义。

乌纳穆诺说的是，去一个遥远的地方绝不只是为了住一住提供全套服务的桑道斯度假酒店（Sandals resort）。乌纳穆诺所说的这种旅行能扩大我们的生活半径，传达一种后天习得的谦逊，这种谦逊只能来自对自我的超越。当我们旅行时，当我们离开自己所知的环境迈步向前时，我们扩大了自己所能想象的范围。我们花在未知领域的时间越多，我们就越能体会到一切皆有可能。我们的好奇心也会相应地增强。反过来说，如果我们限制自己对世界上不同存在方式的接触，好奇心便会相应地减弱。

如果我们不知道世界上有多种存在方式，我们又怎能对它们感到好奇？科幻作家、思想领袖厄修拉·勒古恩（Ursula K. Le Guin）对这种意识上的悖论给出了简洁的描述："如果我们不能想象公正，我们就不会知道自己并不公正。如果我们不能想象自由，我们就不会获得自由。我们不能要求任何没有机会想象公正和自由可以实现的人去争取公正和自由。"

我在阿迪朗达克的乡村长大，我的父亲是个摄影爱好者，父亲最爱那些让我们了解世界的书籍。其中最珍贵的莫过于他的那本《人类大家庭》（*The Family of Man*），这本书记录了多产摄影师爱德华·史泰钦（Edward Steichen）1955年在纽约现代艺术博物馆策划的一场宏大的摄影展。史泰钦的构想是呈现一种人文主义的表达；他认为，通过观察来自世界各地的人最根本的状态，我们就可以开始对将我们联系在一起的普遍人类经验进行形象化的表达。这次摄影展是最早的众包和合作形式之一，也是一次重要的艺术尝试，展出了来自68个国家的503张照片，包含273名摄影师的作品。传奇摄影记者多萝西娅·兰格（Dorothea Lange），记录了大萧条并将其以人性化的方式呈现，在一封题为“对全世界摄影师的召唤”（A Summons to Photographers All Over the World）的信中，帮助史泰钦招募摄影师，她在信中向摄影师们发出邀请：“让全世界的人看到人类真实的一面。在这里，我们希望通过视觉图像揭示人类的梦想、人类的勇气，以及人类面对邪恶时的绝望。如果摄影能够将这些东西带入生活，那么这次摄影展将怀着对人类充满激情和忠诚的精神来创作。除此之外，别无他法。”

儿时的我，只能待在一个地方无法离开，这本书向我发出了邀请，帮我扩大自己所能触达的半径。《人类大家庭》成了我生活半径的进一步延伸。它引领着我和我对人类经历的好奇心超越了地理条件的限制，使这些照片成了进入陌生世界的窗口。我猜想，对超越自我体验的渴望是这次巡回展览参观人数破纪录的原因，来自六大洲37个国家的900多万人参观了这次摄影展。我们都在寻找一扇窗户，好让我们安全地窥探新鲜的世界，让我们知道那里有什么好东西，即使我们的脚还在原地，我们的头脑也知道无须理会强加给我们的那整齐划一的界限。

60 多年后，秉承《人类大家庭》的伟大传统，罗马尼亚摄影师米哈埃拉·诺罗克（Mihaela Noroc）创作了《美之地图》（*The Atlas of Beauty*）。27 岁时，诺罗克说，“我决定放弃自己在布加勒斯特的普通生活，将我所有的努力和积蓄都投入到旅行和摄影中”。在接下来的四年里，她走遍了 50 多个国家，拍摄了世界各地的女性。在接受美国国家公共电台（NPR）的采访时，诺罗克被问道：“我们被社交媒体和杂志广告上的美女图片淹没了。从你的书中，我们可以汲取到其他文化对于美的哪些见解呢？”诺罗克是这样回答的：“对美的理解正在受到西方人看待美的方式的影响。你看，在亚洲和非洲，人们用美白产品来提亮肤色。我们必须在孩子很小的时候就让他们知道，人与人是如此不同，但每个人都有各自的美。”

《美之地图》的惊人之处在于，它记录了人类对于美的不同解读方式。包括四肢残缺和身上有文身的，她们身着各色服装，有军装也有礼服，我们看到了美的定义是如此宽泛。在看到美有如此多样的展现时，我们就会想到自己对美的理解是多么渺小。如果不了解他人的故事就开始旅行，我们自己的故事该是多么狭隘啊！

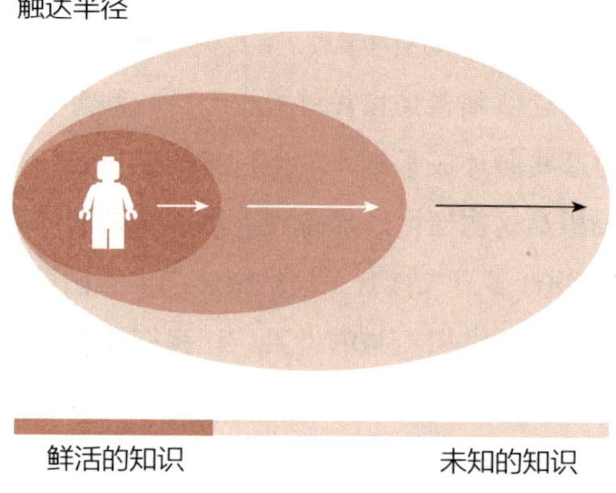

尼日利亚作家、2008 年麦克阿瑟基金会“天才奖”获得者奇玛曼达·恩戈齐·阿迪奇（Chimamanda Ngozi Adichie），在她题为“单一故事的危险”这一具有里程碑意义的 TED 演讲中，对世界的扁平化进行了深刻的观察：

> 最近我在一所大学演讲，一位学生告诉我，尼日利亚男人就像我小说中的父亲一样都会对他人进行身体虐待，这简直就是耻辱。我告诉他，我最近读了一本叫《美国精神病人》（*American Psycho*）的小说，书中的美国年轻人都是连环杀人犯，这也是一种耻辱。

我们对彼此的了解太少。很多时候，我们不知道自己不知道什么。我们对这个世界上多种存在方式的了解要比我们意识到的有限得多，这就形成了一股与当今社会中出现的多样性、公平性和包容性（DEI）问题相关的暗流。

商业领袖都会优先考虑多样性、公平性和包容性，将其作为战略计划和公司重组的重中之重。我们当然希望公司更加多样性、更具包容性。我们想要一个更加便利、公平、没有壁垒的经济环境。但为什么我们首先寻求的是多样性？我们对其原因进行探究了吗？在推行公司政策的过程中，我们是否将这些行动与对它们意义的理性分析相结合了呢？作为领导者和组织机构，我们是否放慢了前进的速度，去分析和阐明对多样性渴望的更深层的背景？我们是否迫于社会正义去纠正历史错误？我们是否被迫重建充满信任的社会和组织，以免彼此疏离？但正如尼日利亚思想领袖巴约·阿科莫拉菲（Bayo Akomolafe）提出的那样，我们是否也准备好承认，我们应对危机的方式往往也是危机的一部分？

我们是否系统性地将阿迪奇所说的“单一故事的危险”这一概念制度化了？我们基本生活在单一文化的叙事中，这缩小了我们的触达范围，限制了我们识别、接受和理解各种知识的能力。

如果没有对好奇心的渴望，我们就无法抓住价值创造的最强大引擎：人类经验中非凡而无限的智慧。智慧或许是最关键且尚未开发的创新源泉。我们最需要的不是新的专利，不是更复杂的人工智能，也不是财力更雄厚的风险投资委员会。我们真正需要的是深入倾听我们熟悉的世界之外的智慧，以便迎接一系列更综合、更全面、更陌生的声音，而当下颇受欢迎的西方经典书籍却往往对这些声音不屑一顾。

特斯莱尔 – 瓦图斯部落（Tsleil–Waututh Nation）的首领，已故酋长丹·乔治（Dan George）就是这样一个人。他在 1972 年的文章《兄弟情谊与谅解》（*Brotherhood and Understanding*）中这样写道：

> 我知道我的白人兄弟能把很多事情做好，但我不知道他是否真正学会了如何去爱。也许他只爱属于自己的东西，却从未学会去爱不属于自己的东西。

我们必须学会去爱不属于自己的东西。这是一种只有从接触中才能学到的谦逊。旅行拓展了我们的世界观。让自己接触新的经历，使我们鲜活的知识多样化，这样即使退居幕后，新信仰也会就此产生。我们必须将学习重塑为一种体验多样性世界的活动，这样我们就不会囿于单一故事的危险之中。多样性不仅是公司的一项政策，也是在 21 世纪生存的先决条件。

教育是“大而不倒”的吗

义务教育是一项法律规定。但教育的目的是什么？纵观历史，对教育目的的说法很多。教育是否让年轻人为参与当今世界的对话做好了准备？还是仅让年轻人准备好作为熟练工人加入劳动力大军？我们为什么在义务教育后还要进行终身学习，又该如何学习？

2008 年金融危机期间，“大而不倒”成为一个流行词。这是银行业和金融领域的一种理论，该理论认为，有些公司的规模如此之大，相互联系如此紧密，以至于它们的倒台将对更大的经济体系造成灾难性的影响。即使有数十亿美元的联邦救助资金用以稳定相互依赖的系统，损害也会呈指数级增长。根据美国劳工统计局的数据，由于大衰退，美国减少了 870 多万个工作岗位。根据美国财政部的数据，美国家庭损失了大约 19 万亿美元的净资产。事后看来，“大而不倒”失去了主流经济学家的支持。普通美国人被那些仅关注短期盈利的不良监管、不道德、有时甚至还被非法的金融工具及指标的操控搞得晕头转向。

但将“大而不倒”作为领导能力和决策制定的框架，其内含的深意远远超出了经济学理论。一个接受并倡导“大而不倒”的治理体系，是将稳定置于道德之上，将少数人置于多数人之上，将无知的幸福置于重建更强大体系的艰苦工作之上。我们难道不是频繁地欣然接受“创可贴”式的权宜之计和其他不完备的解决方案，而不是真正地解决我们社会制度的核心基础缺陷吗？我们知道如何对我们的社会制度进行重新设计吗？这项任务确实艰巨，但我们还能把效率低下、错误频出、表现差强人意甚至造成的危害拖到什么时候？

我们是否可以这样认为，银行业以外的社会体系也已经到了“大而不倒”的地步？教育就是这样一个体系，它不再具有实效性，其发展势头也不再蓬勃向前。让我们把教育系统当作一个产业来看。美国每年在基础教育（从幼儿园到高中）、高等教育和职业发展方面的支出超过 2 万亿美元。这笔开支如此之大，超过了瑞士、沙特阿拉伯和荷兰三国 GDP 的总和。如果美国的教育体系是一个国家，那么它的 GDP 将排在世界第 16 位，比全球其他 150 多个国家都要大。

对于教育这个如此庞大的经济体而言，它却连自己的目标都不清楚——甚至自己阻止自己的进步，真是咄咄怪事。就像我们继承下来的许多遗产一样，我们是这个庞大社会体系的参与者，但对它的历史仍然不熟悉，对正在发挥作用且相互冲突的价值观一无所知，甚至远离了为塑造其未来而展开的文化斗争。

当教育者为教育的目的产生争论时，空前一致的二分法观点便显露出来。教育的目的是培养劳动力（即经济生产是主要叙事），还是培养批判性思维（参与推进社会是主要叙事）？这就好比一个学生只能认同资本主义或只能认同公民启蒙运动，而不能同时二者都接受。这种二分法揭示了在以生产为导向的经济中，思维的价值与熟练劳动力的价值之间存在着巨大差异。无数的信号告诉我们，以劳动为形式的工作是严肃的，而思考是轻浮的。思考这项事业存在于经济之外。就好像工作是负责任的，而思考是不负责任的。虽然今天的教育系统伪装成了“高等教育”，但实际上它主要还是职业培训。

教育是年轻人进入经济体系的通道，而不是他们的生活本身或与世界对话的方式。

这是因为在很大程度上，教育像大多数社会系统一样，迭代和发展都很缓慢，无法适应不断变化的时代。教育体系变化的缓慢速度无法与现实世界的敏捷性相提并论，在现实世界中，一个瞬间就可以对世界的基础进行改写和重组。在文化过渡期，人们会觉得社会制度要花很长时间才能赶上更宽泛的时代价值观，这往往会造成几十年的延迟。这种慢动作带来的滞后，通常伴随着弹弓式的加速，势必引起混乱。滞后传递着相互矛盾的信息，同时跨越了日渐衰落的遗产叙事和日益崛起的挑战者叙事。

比如，想一想正规教育机构与我们日常生活中无缝衔接的融合学习之间的脱节。在私营企业对数字经济和体验经济的投资的推动下，我们如今生活在这样一个世界：苹果使先进的创作工具得以普及，耐克让新一代的健康倡导者能够通过健康手表看到我们身体的状况，奈飞通过故事讲述、纪录片、全球文化内容等多样化的呈现方式引发了一场寓教于乐的复兴，而这些都以我们父辈从未想象过的方式扩大了我们的触达范围。

我们为什么要坐在教室里接受教育？为什么要离开极其丰富的生活体验，将自己置身于人工教育的容器中呢？

要想理解这些过渡期，回顾历史便显得至关重要。“高等教育内幕”网在 2017 年发布了一篇题为《高等教育史上的 11 个教训》的文章，提醒我们：“19 世纪，强调背诵和记忆的旧教学法被一种完全以讲课为中心的教学法所取代。大约在同一时期，教师的角色也在发生演变，变得越来越专业化、职业化和部门化。一种特殊的迎合工业时代的心态也在教育领域占了上风，它与‘大规模生产’和‘一刀切’的模式很像，所有学生都应该以同样的速度获得同样的信息，在这种模式中，内容专家传递大量信息，学生被动接受。随之而来的是对标准化考试的日益依赖，伴随着一种孤注一掷的心态，评分的作用就是给学生排名。”

为什么在 21 世纪的第 3 个 10 年，我们在很大程度上仍然坚持 19 世纪的教学法？为什么我们的教育体系要花这么长时间才能实现当今的模式？在过去，知识的常规化、死记硬背和高度专业化就能满足社会的需要，但今天需要一种基于对知识持不同看法的新型学习方式。巴西教育活动家保罗·弗莱雷（Paulo Freire）进一步批评了教育的大规模生产，他将其描述为“银行业务模式”：教师拥有知识，因此拥有权力，他们的作用是将知识存入学生大脑，而学生就像是空容器或储蓄账户。在最糟糕的情况下，知识被当作一种权力工具来使用，教育系统可以通过这种工具对所有人进行压制，阻碍他们实现自己的价值。

在把知识视为静态存在的文化中，是无法培养好奇心的，在这种文化中，进行思考被定位为储存信息。人类不是储蓄账户，他们是价值创造的发起者，这是好奇心的关键属性之一。

想想美国学校教育明显的工厂意味吧。绝大多数公立学校都是按照工业时代的理念建造的。学校是通过上课来实现学习的工厂化，类似于装配线上的轮班。无论是校园建筑还是校园文化，学校甚至表现出强迫劳动或监禁关押的特征——如果学生在轮班开始时不在自己的位置上，或者如果他们在一天结束的时候，下课铃敲响前离开了教学楼，他们就会受到惩罚。

这种强调生产的讽刺之处在于，它与学校概念的起源是矛盾的。“学校”一词源于希腊语“scholē”，原指“休闲”。

把这种批判性探究应用到教育上，我们又回到了将学校视为休闲场所这一早已被人们遗忘的含义上。更准确的说法是，把教育的目的一分为二，更类似于“劳动”和“休闲”的概念。回顾历史，我们可以看到这两类的角色逆转，劳动和休闲在教育机构中争夺主要地位，这种转变是由课堂之外世界的变化引发的。

利维娅·格尔森（Livia Gershon）在她的文章《“休闲教育”的兴衰》中打破了这种模式，她提醒我们，时间在教育的演变中发挥了重要作用：“早在20世纪初的几十年里，工业化的实现和工会的努力迅速缩短了工作时间。到20世纪30年代，我们已经从19世纪工厂常见的每天12小时、每周6天的工作制转变为平均每周35小时的工作制。随着人们工作时间的减少，很多学者和教育工作者撰写了大量论文和书籍，开始讨论‘休闲教育’的问题，他们认为，公立学校必须教授学生智力技能和文化知识，使每个人都像古希腊公民一样，用体育、哲学和艺术来锻炼身体、磨炼思想，而机器则扮演奴隶的角色。”

这似乎是一种乌托邦式的理想。当然，确实如此。但即使实现的可能性不大，也值得考虑。技术的进步可以让我们用更少的劳动力做更多事情，这是生产经济的富足带来的副产品。如今，机器学习和人工智能的快速发展已势不可挡。生产经济对未来劳动力产生的影响正是2020年美国总统候选人安德鲁·杨（Andrew Yang）所说的“大迁移”。在《对普通人的战争》（*The War on Normal People*）一书中，他详细描述了任务自动化是如何导致数百万个工作岗位消失的。这些基本观察使他成为“全民基本收入”（UBI）最杰出的倡导者之一，这也是他竞选总统的核心竞争力。全民基本收入是一项试验性的政府政策，该政策要求政府每月向所有公民发放工资，而无须用工作来交换。这是一种遏制贫困、创造公平竞争的手段，并最终通过使用成本更低且过时的政府项目，实现更有效的资源分配。

2017 年，在杨宣布参加总统竞选之前，他和我在罗得岛州的帕塔基特市共进了私人早餐——讽刺的是，这里正是美国工业革命的发源地。我们一起讨论他提出的全民基本收入政策，认为这是一个适时的全新治理框架，如果能在劳动力变化的背景下获得正确解读，全民基本收入可能会成为美国民众一个合乎逻辑的选择。

全民基本收入引发了巨大的争议。尽管在世界其他国家进行了试点，但它破坏了美国劳动休闲二分法的一些基本前提。我们都听到过这样的抗议：“如果不工作就能得到钱，会发生什么？人们不会整天坐在沙发上吗？”这些问题的背后是两个基本的假设：金钱是我们用来交换价值的工具，它与劳动有着内在的联系，将两者分开就像将重力颠倒一样；休闲没有价值。尽管休闲让人感到丢脸，但它实际上有巨大的文化和社会价值。休闲时间最适合进行批判性思考，也最适合四处游荡，新的想法和灵感便由此而生。休闲是一段开放的时间，在这段时间里，我们的思想可以自由地进行即兴实验，以拓展我们的知识面。

劳动和休闲的分离是美国经济不平等及阶层斗争的核心。教育系统同时拥有这两种体验，主要是按阶级来划分：富人参与休闲，穷人从事劳动。

富人虽然没有社会地位，但在经济上有安全感，他们不太关心为获得生活资源而工作的必要性。这给他们提供了奢侈的闲暇时间，让他们可以“磨炼”身心。贫困人群对于保障自身最基本需求的能力感到不安，他们关心教育，将其视作获得竞争就业的技能和证书的直接途径，以确保他们的生存成本。换句话说，他们欣然接受教育作为一种让自己为劳动做好准备的手段。

结果就是，教育体系加深了经济阶层间的鸿沟，使那些有地位、有财富、有时间的人在没有劳动负担的情况下也能产生好奇心。好奇心与休闲的关系最为密切，因为我们允许生产经济加强劳动和休闲的分离，而实际上这二者本质上应交织在一起。我们将好奇心变成了一种奢侈品。

这就是全民基本收入难以被接受、被推广的部分原因。经济阶层之间的差距和分层就像沉积岩一样如此分明，以至于这种平等对待每个人的方式与美国身份认同的传统格格不入。

颇具讽刺意味的是，美国如此深切地拥护民主这个以平等为基础的理念，把它视为一种现代宗教，然而我们所珍视的许多普遍信仰却正是不平等的根源。教育究竟是劳动还是休闲，这种对教育目的的混淆也许是造成美国社会不平等的最有力的催化剂之一。

我们该如何理解休闲的作用及其与好奇心的联系？教育又该怎样跨越典型的阶层分隔界限？我们该如何看待休闲为劳动提供的机会？利维娅·格尔森在强调美国现代语言协会主席弗兰克·盖洛德·哈伯德（Frank Gaylord Hubbard）1912 年发表的一次演讲时，找到了一个有价值的例证。美国现代语言协会成立于 1883 年，是一个由教育工作者组成的会员制组织，旨在推动学习型社会的发展：哈伯德向他的听众发问：“有时候，我们是该放下物质成就的荣耀，思考一下现代世界所痴迷的繁重劳动是噩梦，思考一下劳动的无价值、邪恶和无用，以及为此付出的人类生命和幸福的代价，这难道不好吗？”“这种对闲暇的渴望是一种有价值的、高尚的渴望，它包含着对更高级事物的追求，渴望更丰富更充实的经历，追求更高层次的生活。”哈伯德说：“我敢肯定，我们中的许多人选择这个职业，主要不是因为我们想教书，而是因为教书可以保证我们有闲暇时间来学习和做研究。”按照这种说法，休闲不仅是时间的自由，而是做有意思的事情的自由，不管人们是否为此而付了钱。照此理解，教育是为了帮助人们弄清楚这些有意思的事情是什么。

这种将休闲的概念扩展为积极负责地推动世界变革的自由，是对休闲赋予权力的重新定义。这正是休闲和好奇心有着根本联系的原因。教育与自由的关系是神圣的。但是，自由的概念及其在教育背景下发挥的作用可能具有欺骗性。虽然流行的说法会让我们相信，教育通过向上的经济流动性带来自由，但跨越根深蒂固的不平等更像是一个神话，而不是一个有证据支持的承诺。

美国梦将自由等同于经济财富的增长，并视其高于一切。但繁荣的未来并不是用经济增长来衡量的。恰恰相反，繁荣的未来是建立在个人文化和集体文化成长的平衡之上的。这种平衡将我们如何利用个人能力改善社会与合作努力相结合，不断迭代新的相关模式，使社会得以蓬勃发展。社会的繁荣兴旺既需要劳动也需要休闲。社会的繁荣兴旺同样需要好奇心。将劳动和休闲分开，把好奇心从我们的基本需求中剔除的教育制度推动并维持着不平等，这种教育制度必须受到挑战。

有意识的休闲不是不劳动，而是有目的地劳动——自由地练习主动休息其实是对生命意义的探索。当我们把教育和度假作为一种综合的生活方式融合在一起时，它定会带来成倍的价值。

“反学习”是一种行动主义

我们如何界定教育和学习之间的根本区别？我们所说的教育是建立在陈旧体系之上的遗产叙事吗？我们是否对生活是我们的老师这一事实视而不见，而只有当学习被包装、认证并像商品一样进行交换时，才能被认定为学习？如果我们把学习定义为一切能够助力我们认识到如何生活得更有意义，以及如何让世界变得更美好的经历，又会怎样？

自由可以在我们拒绝与生俱来的期望和角色的能力中找到。当我们不再接受世界要求我们遵循的方式，当我们提高对塑造世界的基础的自觉意识时，我们就能更好地为重塑世界做出建设性的贡献。

贝尔·胡克斯（Bell Hooks）是女权运动、反种族主义运动和教育运动中最重要的人物之一。深受与保罗·弗莱雷友谊的影响，胡克斯的著作将教育学（一种教学哲学）和政治（一套价值观）融合在一起。她将教学与社会正义相结合，对美国的课堂产生了重大影响。在《教育的超越：作为自由实践的教育》（*Teaching to Transgress: Education as the Practice of Freedom*）一书中，胡克斯认为，教学生超越种族、性别和阶层界限以获得自由才是教师最重要的目标：“学校不是天堂，但学习可以创造天堂。尽管教室有种种限制，但仍然是一个充满可能性的地方。在这个充满可能性的领域里，我们有机会为自由而努力，同时要求我们自己和我们的同行者开放自己的思想和心灵，使我们能够面对现实，与此同时我们共同想象着越过边界、超越界限的方法。这就是作为自由实践的教育。”

贝尔·胡克斯 1952 年出生于肯塔基州，后来她又回到了肯塔基州，成为伯里亚学院阿巴拉契亚研究院的杰出教授，在那里她高举解放的火炬，启发弗莱雷完成了里程碑式的著作《受压迫者的教育学》（*Pedagogy of the Oppressed*）。对胡克斯和弗莱雷来说，教室是世界的一面镜子。因此，当世界在与性别歧视、种族歧视和影响社会生活的各种偏见做斗争时，我们的教育系统也在与之斗争。学习的空间可以是受压迫的空间，也可以是获得解放的空间。弗莱雷在《受压迫者的教育学》中写道：“一个人越激进，他就越能充分地融入现实，这样也就能更好地了解现实，从而改变现实。这个人不害怕面对、不害怕倾听、不害怕看到真相被揭开的世界。这个人不怕与人见面或与人交谈。这个人并不认为自己是历史或全人类的主人，也不认为自己是被压迫者的解放者；但在历史上，他确实承诺与所有人并肩作战。”

在此书出版半个世纪后的今天，重建教育实践的工作一直在进行。无论是以就业为目的的成人学习、高等教育的全景规划，还是基础教育的早期学习，终身学习系统的这几部分都面临着史上最重大的改变。教育系统内部剧变的信号多年来不断出现，但可以说最具影响力的催化剂是 2019 年疫情的到来，它造成了全球教育的瘫痪——一场教育领域的生存危机。

这场疫情暴露了我们社会制度的不足。教育也未能幸免。与此同时，“乔治·弗洛伊德谋杀案”和 2020 年“黑人的命也是命”的抗议活动揭开了我们害怕面对的问题的面纱。然而，也许是第一次，我们已无处可藏。我们的卫生、经济、教育和治安机构中存在的不平等迫使我们认识到，制度化的种族歧视是一个系统性问题。胡克斯和弗莱雷所阐述的问题和机会现在在全美各地的社区中都已凸显。

各种新兴的教育策略和模式正开始通过体现“激进的好奇心”来挑战传统的教育体系。一场日益壮大的“非学校教育”或“非学习”运动（这些术语补充了伊凡·伊里奇在《去学校化社会》（*Deschooling Society*）一书中使用的语言）正在一些地区扎下根。2020 年夏，疫情来袭，“黑人的命也是命”也对种族主义给予了回击，一个旨在促进城市经济、环境和社会公平的非营利组织“下一个城市”发表了一份题为《非学校化是教育去殖民化的途径吗？》（*Is Unschooling the Way to Decolonize Education?*）的报告，揭开了这一运动的序幕。

随着疫情使孩子们学习（或不学习）的方式成为人们关注的焦点，“下一个城市”关注的是自主教育，这种教育尊重每个学生的学习热情，鼓励自我完善式的学习，并将城市变成教室：“除了互联网资源的不公平之外，美国的公共教育体系几十年来一直都在让孩子们失望。系统性的种族主义和殖民主义融入了标准课程，大多数白人管理的学校的偏见都是公开的，不管这些偏见是无意识的，是当地批准的教科书支持的，还是被法律明文规定的……

今天，在这个充满变革的时代，这种意识正悄无声息地在美国人日常生活的各个角落引发一场深刻的变革。随着全美越来越多的人呼吁结束制度化的种族主义，人们意识到，为了让公平扎根，我们社会的每个层面都需要改变，世界各地的人们已经接受了一个潜在的解决方案：自主教育（SDE）。自主教育是不同类型教育的总称，通常由受教育者根据自己的兴趣选择课程。非学校教育是一种类型，其他类型的还有像萨德伯里学校和敏捷学习中心（ALC）（许多学校的学费都是浮动的）这样的民主学校，以及有意学习社区。在非学校教育中，有以家庭为基础的学习方法，也有以旅行为基础的通过文化和语言学习的方法。”

非学校教育模式试图挑战教育设计中许多未经质疑的隐含叙事。这不仅是技术问题，这是一种深深植根于身份的生活方式。

该报告继续讲道：“培养自由人”组织的联合创始人、“自主教育联盟”的董事会成员阿基拉·理查兹（Akilah Richards）说：“对于黑人文化中的许多人来说，我们确定成功、获得认可的方式是通过我们产出的多少或工作完成得如何，这可以追溯到奴隶时期，那时我们的安全取决于我们生产了多少东西。”她解释道，只关注孩子在学校里的学习和表现能力才会使这种印象难以磨灭。如果我们不再将重点放在课堂表现或学位的获得上，而是放在每个人的才华上，那会怎样？理查兹说：“我认为这是集体解放的一种形式。”“我认为这是一项治疗……我们在一起意味着什么，做自己又意味着什么。我们正在认识到我们是如何对他人进行压迫的。这种集体解放是所有人共有的，是没有等级制度的。这是一种古老的协作方式，与是否富裕无关，与是否是白人无关。”

作为价值观的指南针，非学校教育试图承认烙印在教育体制上的沉重历史。我们要有勇气面对这种烙印，非学校化运动只是如何超越制度化教育的一个例子。

学习意味着掌握新技能。“反学习”需要跳出现有的心理模型，接受新的心理模型。元认知是 21 世纪最重要的技能。

考虑到这一点，我们需要斟酌“教育”和“学习”之间的根本区别。与“劳动休闲的二分法”相类似，这种对比说明了一个关键的教学法方面的差异。学习的主导性掌握在谁的手中？拥有权力的是谁：是学习者，还是教育者及提供教育服务的机构？让我们将这种二分法定义为教育的正规形式与作为学习手段的积极生活体验的对立。

我们所说的“教育”是否可能只是建立在陈旧结构上的遗产叙事，它既不再是教育的初衷也不再是教育未来潜力的最佳表达？

伊凡·伊里奇提出：“学校通过教授受人们需要的观念来为远离生活的制度化做准备。一旦学到了经验教训，人们就失去了独立成长的动力；他们不再觉得亲缘关系有吸引力，并且把自己封闭起来，不去接触生活本身所带来的惊喜。”

	20 世纪的学习	21 世纪的学习
基于	作为名词的知识	作为动词的探究
教师的角色	学科内容的专家	引导体验的向导
教育的结果	具备知识的熟练劳动者	积极参与的公民
创造力	居于次要地位	专业化
管理能力	控制已知	挑战不确定性

当生活是我们的老师时，我们是如此麻木，以至于只有当学习被包装、认证并作为交换媒介提供给我们时，才能获得我们的认可。教育的正规形式和积极生活体验之间的这种紧张关系，可以用爱因斯坦的话来精准地表述：

唯一阻碍我学习的是我所接受的教育。

甚至连“好奇心能教吗？”这样的问题中都蕴含着关于教学实践的旧观念。教学一直与作为客体的知识传递密切相关，与知识者与求知者之间的信息交流密切相关。当知识被视为一个对象时，它就像一个要到达的目的地。好像它有一个线性且有限的终点要抵达。“好奇心能教吗？”假设好奇心有一个终点，而事实上好奇心是一种永无止境的追求，它与满足人类生存条件的基本愿望联系在一起。正如保罗·弗莱雷在《受压迫者的教育学》中所说的：

> 离开了探究，离开了实践，人就不可能成为真正的人。知识只有通过发明和再发明，通过人类在这个世界上、与这个世界以及彼此之间孜孜不倦、不厌其烦、持续不断、充满希望的探究才会出现。

当好奇心成为我们寻求掌握的语言和媒介时，老师又是什么？如果我们把好奇心看作一种能力，而不是一种需要习得的技能呢？知识不再被认为是一个目的地、一个固定的点或一种静止的状态。好奇心是用来生活的动词，而不是用来持有的名词。在这种学习的概念中，我们寻求的是体验的向导，而不是知识的导师。我们需要的不再是传统的教学模式。我们需要自主学习的自信，以获得来自生活第一线的智慧。

正如伊凡·伊里奇在《去学校化社会》一书中明确宣称的那样：

大多数的学习都不是教学的结果，反而是不受阻碍地参与有意义的活动的结果。大多数人在“融入其中”时学得最好。

多产建筑师、系统思想家及未来主义者巴克敏斯特·富勒

（Buckminster Fuller）也表达过类似的看法，他曾说：

> 我不是什么天才。我只是经验丰富罢了。

如果学习是帮助我们意识到如何过有意义的生活、发现那些能让世界变得更美好的时间、空间或经验，那会怎样？成为一个伟大社会的公民又会怎样？

在疫情暴发后，许多人都在问如何能更好、更安全地让孩子们重返校园。一些极端好奇的声音也在问：为什么要把他们送回学校？这为我们打开了反思和重新设计的大门。艾希莉·麦考尔（Ashley McCall）是凯撒·查维斯多元文化学术中心（Cesar E. Chávez Multicultural Academic Center）的三年级双语教师，该中心位于芝加哥西南部，她提出了一些有影响力的问题，这些问题触及了教育目的的核心，以及这个时代学习与生活之间的联系：

> 如果我们将金钱、时间和精力投入到我们认为最重要的事情上呢？如果这个学年会对想象力进行颂扬呢？在《我们做到了》（*We Got This*）一书中，科尼利厄斯·迈纳（Cornelius Minor）提醒我们："教育的作用应该是改变整个社会的未来。"如果我们设计一个学年，试图从根本上改变社区问题的解决、治愈创伤和建立联系的方式，那会怎样？如果我们认识到生活——我们的日常环境和我们对它们的反应——是门课程呢？这是学生们所需要的课程，尤其是我们的国家正在开始自身的身份认同时。如果我们将阅读、写作、社会研究、数学和科学融入我们对每天发生的事件的理解和反应之中，又会怎样？

麦考尔寻求一种不将生活与学习、劳动与休闲分开的教育。21世纪的现实不允许进行如此整齐的划分。如果我们把生活变成课程呢？麦考尔提出了这个假设。如果我们明白，教育不应该仅是跟上时代的步伐，反映我们社会的多样性，而是要发挥作用，改变整个社会的未来，那会怎样？社会安定时，这些问题顶多是锦上添花。但在危机袭来之际，它们就成了唯一值得思考的问题。

行动主义被定义为努力对社会改革、政治改革、经济改革或环境改革进行促进、阻碍、指导或干预，希望改变社会以获得更大的利益。我们印象中的激进分子都是在游行的队伍中举着标语，这源自20世纪的美国新闻报道。但这种印象承担了许多文化工作的任务，已不再代表行动主义在21世纪演变的所有方式。在文化过渡期，我们都是积极分子，都是自己未来的利益相关者，我们都在努力推动社会走向更美好的未来。

学习是一种会产生深远影响的行为，因为所有有意识或无意识的学习都会影响我们为一个道德程度高些或道德程度低些的世界做出贡献的能力。

如果我们重新接受行动主义，把它作为每一代人有意识的行动，引导我们从遗产叙事转向新的挑战者叙事，会怎样？如果学习是我们培养每一代人重新想象的能力的方式呢？

我们目前的教育体系几乎没给想象力留下任何空间。创造力不再享有优先权。这是肯·罗宾逊爵士（Sir Ken Robinson）TED演讲的主题，也是有史以来最受欢迎的演讲之一。他在演讲中这样说：

> 我并不是说犯错和创新是一回事。我们所知道的是，如果你拒绝犯错，你就永远不会想出任何原创的东西……长大成人后，大多数人便失去了这种能力。他们变得害怕犯错。我们就是这样经营公

司的。我们将错误污名化。我们现在正在运营的是国家的教育系统，认为最糟糕的事情就是犯错。其结果是，我们正在教育人们失去他们的创造能力。毕加索曾经说过，所有的孩子都是天生的艺术家。问题是，我们长大后，还能不能继续是艺术家。我们不会长成有创造力的人，我们会逐渐失去创造力，对此我深信不疑。或者更确切地说，我们是被教育出来的。

我们受到的教育使我们失去了创造力。我们忘记了承担风险和犯错的意愿。罗宾逊在他的演讲中将创造力定义为“拥有有价值的原创想法的过程”。我们的教育系统正在教育人们失去有价值的原创思想。让我们来好好理解一下这个观念。

我们目前的教育体系试图控制未知，颂扬已知的确定性。它已经发展成知识的提供者，而不是一种促进未知带来的快乐的手段。理论物理学家、1965 年诺贝尔物理学奖得主理查德·费曼（Richard Feynman）曾说过：

我不需要知道答案。因为我无目的地迷失在一个神秘的宇宙中，所以我不害怕未知。

多年前，在肯·罗宾逊爵士去世之前，我非常荣幸地与他合作，向美国运通公司（American Express）近 500 名员工发表了主题演讲。我当时是一个以“设计带来改变”为主题的会议的首席策划人。在活动前几周的准备工作中，我和肯爵士谈到了商业和创造力的交集，谈到了当今商业中最有用的技能不是下一秒就会过时的技术，而是适应性的语言、对不确定性的驾驭，以及弹性价值的创造。为了将这些想法和其他想法融入会议安排中，我们策划了一场特别的晚宴。我们接管了伦佐·皮亚诺（Renzo Piano）设计的芝加哥艺术学院的“现代之翼”博物馆，并为与会嘉宾提供了一场由专业人员导览的当代艺术回顾展，展品来自博物馆的收藏，展览后嘉宾们在博物馆的主厅享用晚餐，在此期间，每位嘉宾都收到了抽象表现主义画家布鲁斯·普莱斯（Bruce Price）原创的一幅微缩画。

我们从这次活动中收到的触动最深的反馈来自一位参会嘉宾。他在几周后写信给我，他在信中写他以前从未有过一件原创艺术品，现在他终于有了一件，就摆放在家中。他补充道，自己以前从未去过艺术博物馆，这次参会让他萌生了回到得克萨斯州后参观博物馆的想法。创造力在他最意想不到的时候进入了他的生活。而且，他保证，再也不会与创造力分离。

通过好奇心来学习可以让人了解自己。但肯爵士认为，正规教育在很大程度上仍然是一项与职业相关的事业，我们被引导远离自己喜欢的东西，“理由是做自己喜欢的事永远找不到工作”。爱已经被理性化地排除在教育体系之外，但它对个人且私密的深刻学习体验至关重要。汉娜·阿伦特说过：

> 教育决定了我们是否对这个世界爱到足以为它承担责任的地步，也是出于爱，这个世界不至于毁灭，而毁灭是不可避免的，除非重生、除非有新生命的降生、除非有年轻人的到来。教育也决定了我们是否足够爱我们的孩子，不会将他们逐出我们的世界，任他们自生自灭，不从他们手中剥夺尝试我们无法预见的新事物的机会，而是让他们为重建共同世界的任务提前做好准备。

好奇是爱的舞伴，学习则是爱的乐谱。爱是一种共情的表达，需要挑战学习者的核心信念，甚至是整个社会的核心信念。爱是情商的基础，虽一度被看作“软技能”，但正迅速成为与未来挑战相关的硬技能。

如果教育是一种自由的实践，它必伴随着巨大的责任。去学校化教育、非学校化教育、自主学习、心灵教育、激活道德原则体系，这些都是同样的行动主义的表现。如果我们要承担起更新世界的任务，我们就需要深切地关心这个世界和未来，为此我们愿意忘掉许多直接或间接教授给我们的心理模型和意识形态。要做到这一点需要具备激进的好奇心。

我们唯一确定的是，不确定性将继续存在。如果不确定性继续存在，我们将需要新的智慧来指导我们的学习和生活。如果我们要发现创造价值的新途径，这一点将至关重要。我们学习什么以及如何学习与我们为什么学习息息相关。

好奇心是教不会的。它既不是要保留的事实，也不是要掌握的技能。但它可以被驾驭、可以被训练、可以被模仿，甚至可以被开发、被培养，被激发。好奇心是我们所有人与生俱来的。我们不需要教彼此怎样具有好奇心，就像我们不需要教彼此如何呼吸一样。但是，我们必须保护我们的好奇心，使它不再因教育而远离我们。

好奇心是一种稀缺资源，如果我们不对它加以保护，我们可能会将它作为人类的欲望而消灭。培养好奇心的最好方法就是全身心地投入生活。让生活成为我们的课堂，让我们丰富的经历成为我们的课程。

用故事的语言来学习

为什么故事的影响力会如此之大？我们如何提高自己的能力，去洞悉我们身边的故事背后的创作动机？我们怎样才能想象出适合当前境遇的新故事？

生活中最难得的乐趣之一，就是和一个真正会讲故事的人一起散步。我最难忘的是和莫里斯·桑达克（Maurice Sendak）一起的散步，他是《野兽家园》（*Where the Wild Things Are*）的传奇作者。我们在康涅狄格州的树林里度过了美好的一天。我在睡前会仔细聆听桑达克说的每一个字，享受着坐在他工作室里的每一分钟，这是讲故事的人的王国，塞满了毛绒玩偶，还有几十年的想象力。我们的相遇是在桑达克生命即将结束之时。桑达克和蔼可亲，脾气也不小，他讲的都是实话，每每令人耳目一新，他的每句话都在不经意间传达出讽刺和希望。桑达克能成为故事大师，部分原因是他的故事结构精巧，通俗易懂，能激起读者的想象力。伟大的作品，就像生活一样，是参与性的练习，你不能被动地袖手旁观。

2009 年，为了庆祝《野兽家园》的电影改编，桑达克与编剧戴夫·埃格斯（Dave Eggers）和导演斯派克·琼斯（Spike Jonze）一起接受了采访，桑达克在采访中展现了他标志性的幽默和激情：

主持人：不少父母认为《野兽家园》这部电影太恐怖，请问您会对他们说些什么？

桑达克：我会叫他们统统去见上帝。我可不回答这个问题。

主持人：因为孩子们都不觉得恐怖？

桑达克：如果他们觉得恐怖，干脆回家好了。要么就吓得尿裤子也行。总之想干什么就干什么。这不是有必要回答的问题。

桑达克明白，故事可能很吓人。他认为所有人——孩子、成年人都应该去体验那些能传达我们情感的故事；那些可怕的故事可以帮助我们为任何可能发生的事情做好准备。事实上，这正是我们需要故事的原因。我们并不擅长应对不确定性，所以我们找故事来帮助大脑合成相关模式，来理解这个荒谬的世界。故事让我们在瞬息万变的世界中站稳脚跟。故事是不确定风暴中的平静之锚。在不确定的过渡期，我们给自己讲的故事是自我认知的框架，帮助我们弄清楚自己现在是谁，我们看重的是什么。故事帮助我们成为理想中的自己。

故事无处不在，即使它们的存在并不那么明显。嵌入式叙事被编码到客体、行为、政策和假设中，而这些正是我们这个共同世界存在的基础。如果我们想要重新获得个人生活的主动权，让自己成为自己故事的主动叙述者，我们就需要对故事如何有力地塑造我们以及构建当代社会的共同意识更加好奇。

故事可以成为价值产生的催化剂。《讲故事的动物》（*The Storytelling Animal*）一书的作者乔纳森·戈特沙尔（Jonathan Gottschall）探讨了故事在人类经历中的普遍性，让我们将故事看作我们呼吸的空气：

就像浮游生物不知道自己是在咸水里过完短暂的一生一样，我们人类也不知道故事一直与我们相伴——从小说电影，到宗教神话，从梦想、幻想，到笑话、职业摔跤，还有小孩子玩的过家家，人类的大脑沉迷于故事。我们一直在编故事，而且我们很容易相信故事里所讲的。一旦我们对一个故事深信不疑（无论是宗教叙事还是阴谋论），就很难放弃。所以我们需要警惕故事的力量。

这并不是说我们应该警惕故事本身；相反，我们该警惕的是在故事中迷失自我。我们要承认，故事可以成为压倒我们，甚至将我们彻底吞噬的浪潮。我们会成为别人的配角，在不知不觉中扮演了一个限制我们根据自我意识做出选择的角色。在不知情的情况下，我们可能会成为不真实的故事、不符合我们最大利益的故事、已经被搁置的故事以及破坏或伤害我们的故事的俘虏。我们给自己讲的故事已成了根深蒂固的神话，以至于我们认为它们是毋庸置疑的真理，却忘记了它们只是前人写的故事。例如，美国梦是一个关于经济流动性的颇具影响力的故事，它强化了一种资本主义叙事，即如果你努力工作，靠自己的努力奋斗就会获得财富。

要想在21世纪生存，就需要有能力辨别哪些故事是真实的，哪些只是销售或营销的形式。然后，我们必须创作适合当下情况的新故事。

正如戈特沙尔所描述的那样，我们对破坏性故事的敏感性令人担忧，因为故事是“通过强化一套共同价值观、加强共同文化的纽带，将社会联系在一起”的工具。戈特沙尔指出，故事“使我们同质化，让我们成为一个整体”。

然而，我们有责任审视我们身边的故事。要质疑那些强化一套共同价值观的叙事，就要求我们评估我们赖以生存的故事是否代表了当代的价值观。我们生活在一个混乱的时代。

如果我们相信故事有助于将社会联系在一起，那么也许这感觉就像我们正在解体一样，因为我们同时在多个主题上从一种叙事过渡到另一种叙事。

我们过去的遗产叙事正在被颠覆，新的叙事开始以微妙鲜明的方式出现。其中一些转变显然是有意为之；而其他的则是环境的偶然影响所致。但两者都非常重要，它们的模式形成了一种我们要说的语言。好奇心极强的领导者天生会多种语言，他们能超越传统书本的字面语言，将文化视为一组故事。

培养这种文化素养要求我们诚实地命名遗产叙事；深入倾听，以识别颠覆性指标；想象和表达新兴的叙事。

命名遗产叙事

勇敢地命名一种遗产叙事的行为剥离了继承常识的假设，并对其有效性发起了挑战。诚实地命名遗产叙事是一种责任。我们负有道义上的责任，对有害的叙事不能简单地接受了事，我们不能屈服于来自故去同辈的压力。这种命名一直是社会运动的力量，比如“我也是”[①]（MeToo）以及应对气候变化等社会运动。正如丽贝卡·索尔尼特（Rebecca Solnit）在《请叫他们的真名》（*Call Them by Their True Names*）中写道的：

> 我认为命名的行为就是诊断。虽然不是所有诊断出的疾病都可治愈，但一旦你知道你面对的是什么，你就能更清楚自己能做些什么。要真正地给某样东西起名，就要揭露它可能的残酷或堕落——

① 美国反性骚扰运动。——译者注

或重要的或可能的——而改变世界的关键就是改变这个故事。根据阿恩·汤普森（Aarne Thompson）对这些故事的分类，其中一个民间故事的原型讲的就是“当男主角或女主角发现一个神秘或对自己构成威胁的帮手的名字时，是如何将对方打败的”。在远古时代，人们知道名字是有力量的。现在有些人仍然对此深信不疑。用事物真实的名字来称呼它们，可以阻断那些开脱、自保、混淆、伪装，避免或鼓励不作为、冷漠和遗忘的谎言。这并不是改变世界的全部，却是关键的一步。

通过象征主义和言语表达，我们可以开始削弱和转移那些长期以来未受质疑的有害叙事。

识别颠覆性指标

在我们能够接受和阐明新出现的叙事之前，我们需要能够识别表明一种叙事正在被颠覆的指标。这是所有技能中最难的。我们分享的故事一直在演变，但颠覆性的指标是一个特定的事件、行为或模式，它揭示了社会正在从遗产叙事向挑战者叙事过渡。当我们的集体价值观被颠覆，我们可以从我们分享的故事和我们赖以生存的文化共识中看到这一点。我们生活在过渡期，目睹了多种人类基本体验的颠覆性指标。

性别

尽管现代西方文明延续了一种基于男女二分法的性别叙事，但今天我们对性别的分类远不止二元。在最近的一项研究中，一半的Z世代（以及56%的千禧一代）认为性别二分法已经过时。此外，脸书现在提供了至少58种性别身份，用户可以自行指定。随着这种叙事被重新审视，社会也在重新讨论原住民智慧，这种智慧长期以来都对性别流动性报以欣然接受的态度。在被欧洲殖民之前，超过150个美洲原住民部落承认第三性别；今天，越来越多的部落承认性别不只三种而是五种。

当这个拥有近30亿参与者的全球最大的社交媒体平台创建了58个性别分类时，很难想象还有比这更明确的颠覆性指标了。

性取向

在过去的一个世纪里，社会一直在努力想象异性恋之外的叙事，直到最近许多社会才开始承认并接受同性恋。但是今天，额外的多样化的性别身份正变得司空见惯。事实上，在最近的盖洛普民意调查中，从2012年到2020年，被认定为性少数群体（女同性恋（Lesbian）、男同性恋（Gay）、双性恋（Bisexual）和跨性别（Transgender）群体，LGBT）的美国人总数增加了2.1个百分点，将近700万。

但这些数据只是一个迹象，表明关于性取向的叙事正在被颠覆。这场“性革命”也在公共舞台上演，将这一话题带入了主流领域。歌手麦莉·赛勒斯（Miley Cyrus）以童星身份在迪士尼频道出演《汉娜·蒙塔娜》（*Hannah Montana*）开始了她的职业生涯，长大后她让电臀舞变成流行风尚（一种在之前的遗产叙事中被认为是淫荡甚至色情的舞蹈），也由此摆脱了自己的健康形象，在与一个男人订婚后她宣布开始与一个女人约会，这让整个推特界都为之震惊。随后，麦莉·赛勒斯公开表示自己是同性恋，最终成为泛性恋者，并宣称：“我对每件事都持开放态度。”

就连几千年来一直谴责同性恋的天主教会，也在放松其保守立场，这要归功于天主教会的进步领袖教皇方济各（Pope Francis）。据《赫芬顿邮报》（*HuffPost*）的一篇文章称，教皇方济各说，“做爱和享受美食都是‘非常美好的’”，他在批评教会“道德热心过了头”的同时，赞扬了“人性的、单纯的、道德的愉悦”。

当从麦莉·赛勒斯到天主教会这些有影响力的人物认可、表达或体现与以往叙事形成对比的新价值观时，这些新价值观就会（有意无意地）成为颠覆性的指标。

工作

虽然商界长期以来一直口头上支持“未来的工作场所”，但疫情已经让我们的工作方式产生了根本的转变。如今，工业时代工作场所的概念正在被颠覆。工作必须在办公室完成，朝九晚五，这种说法正在让位于“一切皆可视频”的远程工作世界。随着办公室的未来面临考验，数十家公司正在采取无限期混合模式或完全在家工作模式。与此同时，筋疲力尽的工人正在奋起反抗劳动制度的不平等，离开劳动力市场的人数也创了纪录。2020 年，接待行业便很难找到愿意以最低工资两到三倍的薪水工作的员工了，从医疗保健、制造业到零售业等行业也面临着类似的招聘挑战。专家们预测，作为所谓“大辞职潮”的结果，到 2021 年，我们可能会看到全美职场 30% 的流失率。面对如此严重的劳动力短缺，雇主们别无选择，只能做出回应。Bumble 公司开发了一款颇受千禧一代欢迎的在线约会应用程序，并因成为 2021 年最大的首次公开募股公司之一而登上新闻头条。因为觉得每名员工都已精疲力竭，该公司给所有 700 多名员工同时放了一周的带薪假，这一周基本上是停工了。与此同时，像华尔街巨头高盛（Goldman Sachs）这样的公司已经出台了“周六规则”这样的政策，就是不想让员工在周末工作。正如通用电气前首席人力资源官拉古・克里希纳穆尔西（Raghu Krishnamoorthy）所言：人们不只是想辞职，他们想重启。对他来说，重启是对一个人的生活从根本上进行重置，是一个人生活模式的改变。这表明疫情对我们每个人都产生了相当深远的影响。就连《华尔街日报》也发表了一篇文章，声称“减少工作时间可以提高一个国家的生产力”。

当企业改写价值数百万美元的政策时，他们正在清除不再符合客户或员工价值观的遗产叙事，并围绕新兴叙事进行重组。能产生如此重大经济影响的政策变化是明显的颠覆性指标。

种族主义

2020 年春，疫情的初期，乔治・弗洛伊德（George Floyd）在一次由一张 20 美元假钞引发的冲突中被一名警察所杀。接下来的一个月，围绕种族的国家叙事发生了变化。美国各地组织了 4700 场抗议活动，总共吸引了 2000 多万名抗议者——公民参与种族问题的人数激增，《纽约时报》称其可能是“美国历史上规模最大的运动”。德里克・肖文（Derek Chauvin），那个跪在弗洛伊德脖子上 8 分 46 秒的警官，后来被判二级谋杀罪、三级谋杀罪和二级过失杀人罪，并被判处 22 年半监禁。与此同时，纽约州议会通过了《埃里克・加纳反锁喉法案》（Eric Garner Anti-Chokehold Act），加强了对有类似行为的警察的惩罚。尽管每天的抗议活动已经结束，但在美国各地的公司和社会机构中，一个反对种族不公正的新战场已经出现，全社会正在努力解决如何重新思考、重新参与以及改写与反种族主义工作的关系。

这项工作是一项故事工程。我们讲的是什么故事以及我们如何把这些故事讲给别人，可以成为与大规模行动或立法改革一样有影响力的指标。例如，在学校课程中采用批判种族理论（或经常被误解为批判种族理论），正在引发社会的紧张局势，而我们的社会还没准备好应对如此突然和激烈的叙事重新定位。该理论认为，“种族主义的历史模式在法律和其他现代制度中根深蒂固，奴隶制、种族隔离和种族歧视的后遗症仍然为黑人和其他有色人种造成了一个不公平的竞争环境。我们的想法是，种族主义不是个人偏见，而是美国的系统性问题。”这样的说法可能难以接受，但在美国种族故事被颠覆之际，我们确实应该对此表示欢迎。

两千万人在200个城市举行抗议，这表明叙事正在发生变化。事实上，这种程度的反应可能是对一个颠覆性指标最本能的表达，这就是为什么我们把变化与运动联系在一起。大众参与往往是一种迹象，表明叙事方式的转变引起了许多人的共鸣，他们认为旧的叙事方式已经过时了。

气候

在历史、宗教和工业上，人类长期以来一直把自己的“统治”强加给地球，我们急需一个新故事。这个新故事并非将气候叙事看作一个由环保人士支持的边缘故事，而是关乎生存后果的叙事。这种转变现在正在发生，部分原因可能是这个故事现在是如此真实，以至于不能被忽视。就连管理着2.14万亿美元资产的全球投资公司高盛也在集中力量对气候问题进行研究，认识到气候变化对经济和商业的影响是巨大的。曾主导《巴黎协定》（Paris Agreement）谈判的联合国气候变化前事务负责人克里斯蒂安娜·菲格雷斯（Christiana Figueres）为迫使机构应对气候危机，已经走到了呼吁公民进行反抗的地步。

2021年夏天，15小时内“火积云”在加拿大西部引发了710 117

次闪电，频度之高令气象学家感到困惑。其视觉效果如此引人注目，以至于让所有人都相信了世界末日的故事。然而，关于气候的可怕叙事尚未融入公共领域的核心。根据耶鲁大学最近发布的一份报告，我们的大部分公民都对关于气候变化的科学共识一无所知，只有 13% 的美国人“能够正确理解 90% 以上的气候科学家已经得出气候变化是真实存在的结论”。亚拉巴马州国会议员莫·布鲁克斯（Mo Brooks）等立法者对大多数人产生的这种错觉负有责任，他试图编造另一个故事，提出导致海平面上升的是岩石落入海洋，而不是气候变化。

我们对气候变化的理解在日常生活中被彻底颠覆了，但也可以将其理解为旧观念被打破新观念尚未建立的一段过渡期。在这个时代，许多社会摩擦和冲突都可以变成一种不容忽视的质疑：什么样的叙事才符合我们这个时代的价值观？如果说社会凝聚力来自对一种叙事的集体采用，那么我们目前的不连贯状态就与我们公开地不断重写故事的混乱过程直接相关。

新兴叙事的想象及阐述

社会正在打破自己的传统叙事，长出新的妊娠纹，并发布一个新的挑战者叙事。这些干扰通常以批评的形式出现。这是命名阶段的一个关键特征：确定那些即将退出历史舞台的遗产叙事并解除其权力。然而，拆解叙事的工作还需要第二个阶段。仅提高人们的意识并对遗产叙事发起攻击是不够的。为了成功地消除遗产叙事，我们需要明确更健康的替代方案该是什么样子。行动主义以抗议的形式对抗当前的叙事，却提不出替代方案。抗议是一种命名的形式，就像丽贝卡·索尔尼特所说的诊断。我们需要能够评估什么时候出了错，然后找出错误，最后再将摧毁遗产叙事的力量组织起来。但为了创造更美好的未来，我们不仅要想象出，还要表达出一种完全不同的可能性。正如屡获殊荣的诗人兼作家王鸥行（Ocean Vuong）所描述的那样：

我们经常告诉学生："未来在你们手中。"但我觉得未来其实在你们口中。首先，你必须清楚地说出，你想要生活在怎样的世界里。

批判是必要的，但创造出更好的解决方案才是推动变革的更有效的工具。这也是故事最具生命力的时刻。在我们生活的故事中，我们每个人都是产生影响力的利益相关者。我们每个人都能释放出故事的力量，让它成为建设更美好世界的再生动力。

社会学家埃里克·克里南伯格（Eric Klinenberg）在《人民的宫殿：社会基础设施能如何抗击不平等、两极分化和公民生活的衰落》（*Palaces for the People: How Social Infrastructure Can Help Fight Inequality, Polarization, and the Decline of Civic Life*）一书中写道，故事是决定"人与人之间的关联和人际关系是否得到培养"的社会基础设施。克里南伯格这本书的书名由安德鲁·卡内基（Andrew Carnegie）所起，尽管他是资本主义不平等的延续者，但他也是一名移民，卡内基相信美国是一个充满可能性的地方，并在全美国资助了1700多家图书馆，卡内基将这些图书馆称为"人民的宫殿"：

毕竟，"图书馆"这个词的词根"liber"既有"书"的意思，也有"免费"的意思。图书馆代表并证明了一些需要捍卫的东西：公共机构是公民社会的基石。在图书馆，拥有不同背景、经历和兴趣的普通人都可以参与对话。

克里南伯格不会忘记，图书馆只是社会基础设施的物理表现，因为它们是人类故事的保管人。图书馆是庞大的智慧、信息和想象力的宝库，承载着我们几个世纪以来不断书写和重新诠释的故事。

如果说图书馆是社会基础设施的有形表现，那么故事就是社会基础设施的无形体现，就像乐队的乐谱一样，指导着社会交响乐的编排。我们能否对克里南伯格的社会基础设施概念理解并加以应用，将故事作为促进社会健康发展的催化剂？

正如艾伦·狄波顿（Alain de Botton）在他的文集《存在的速度》（*A Velocity of Being*）中提醒我们的那样，书籍提供了一种深刻的个人与社会的凝聚力，是加强与他人交往的重要桥梁：

> 如果我们周围的人都能很好地理解我们，我们就不会那么需要书了。但他们不理解。即使是那些爱我们的人也会误解我们。他们告诉我们我们是谁，却遗漏了些什么。他们声称知道我们需要什么，却忘了先问问我们。他们无法理解我们的感受——有时，我们无法告诉他们，因为我们自己也不了解。这时候书就派上用场了。书向我们自己和他人解释我们，让我们感觉不那么陌生、不那么孤立、不那么孤独。

当不确定性大到难以承受时，我们就会转向讲故事，试图想象并阐明给我们带来希望的新兴叙事。

文明在创造新语言的创造性文化实践中愈合。写故事，让故事永垂不朽，把它们放进我们称之为书的人工制品中加以分享。仔细地对图书馆里的这些人工制品进行归档和维护，每次我们写出一个新的故事时都对它进行编目。正如托妮·莫里森（Toni Morrison）曾经说过的：

这正是艺术家们开始工作的时刻。没有时间绝望，没有地方自怜，没有沉默的必要，没有恐惧的余地。我们讲话，我们写作，我们使用语言。文明就是这样愈合的。

新故事的诞生可能是可怕的。野兽磨着可怕的牙齿，发出骇人的吼声。但正如桑达克所理解的，恐怖故事也可以令人兴奋。对各种可能性进行想象和阐述是所有美好未来的开始。故事是构建世界的起点。

因此，我欣然接受了在书店向爱书的妻子求婚这一精彩、激动，又充满正能量的时刻。要想更好地想象和表达我们要共同建立的未来，还有什么地方比“故事的宫殿”更合适呢？这也是为什么在近20年后的今天，这个未来包括推出我们自己的书店：一个新兴故事可以被分享、放大和颂扬的地方。我们通过故事的语言来学习，故事是重塑世界的强大力量。

凝聚力

好奇心的最大威胁是对话的消亡，我们需要更多的对话来应对这一问题，对话能改变混乱的局面：放慢我们的速度，改变我们的节奏，让我们处于一种相互倾听的状态，获得更多新的见解和合作。

为什么社会交往的参与度在下降

在这么多人争取并赢得了民主参与的权利后，为什么参与度却在下降？我们如何有效地促进社会满足公民的需求？从而促进好奇文化的发展？

没有什么比对话更能激发好奇心了。思想的交流可以帮助我们探索新的可能性。好的对话是促成发现的无脚本工具，大规模的对话创造出了话语的交响乐。

对话处于社会交往的中心。从历史角度来看，这句话仅从字面意义上理解也是正确的，对话发生在开放的空间，每位公民都可以参与。但如今我们的世界已将大部分的社交生活私有化了。我们只好退回到家里，退回到屏幕前，退回到我们的回音室[①]中，让自己沉浸在由算法控制的信息中。我们一直处于联系中，却很少面对面交流。结果就是，我们越来越缺乏对话的能力、互相倾听的能力、参与的能力，影响他人和被他人影响的能力。

① 这里的回音室涉及心理学中的回音室效应（Echo Chamber Effect），它是由心理学家凯斯·桑斯坦提出的，指的是在一个相对封闭的环境中，一些意见相近的声音不断重复，并以夸张或其他扭曲形式传播，使得处于这种环境中的大多数人认为这些扭曲的故事就是事实的全部。

对话需要参与，对话越多样化，发现就会越深刻。

参与是民主对话的先决条件，也是全民健康的一个关键指标。

社会交往的有限参与折射出公民意识的衰落。只有多样化的声音才能体现话语的影响力。往好了说，千篇一律顶多无聊。可在最糟糕的情况下，千篇一律会导致社会交往的同质化，从而引发可怕的后果。只有通过引入我们不熟悉的、真正的新思想，我们才有可能接触世界上不同的存在方式。要将参与度的下降趋势看作好奇心减弱的一个外在表现。

参与就是一切。

人们普遍认为，人类历史上最古老的政府是6000年前由苏美尔人在美索不达米亚建立的。回顾历史，从政府成立的初衷和基本理念出发，或许能帮助我们更好地理解现在民众参与度不高的问题。我们最开始为何要自我管理，又是如何进行的呢？我们能从最早的人类组织模式中学到什么？

有四种理论用于揭示政府的起源。这四种理论综合起来便可提供一个有用的框架，用来理解当下这个缺乏联系的时刻。

1. 强权论认为政府起源于一种暴力行为。

2. 进化论认为政府是迭代的产物，由家庭这一核心单位演变而来。

3. 神权论断言，上帝通过王室的诞生创造了政府，这是王室与生俱来的统治权。

4. 社会契约论则指出，人们同意将权力交予政府，而政府则有责任提升公民的幸福度。

今天，世界上的大部分国家实行的是一种建立在社会契约论基础上的治理形式，其基础是由法国哲学家让－雅克·卢梭（Jean-Jacques Rousseau）在1755年出版的《论人类不平等的起源和基础》（*Discourse on the Origin and Basis of Inequality Among Men*）和1762年出版的《论社会契约》（*On the Social Contract*）中建立的。在社会契约下，政府被赋予权力，并被期望通过政策、项目和共享资源的优先次序来维护繁荣。但是，如果政府不履行这一职责，会发生什么？当繁荣并未惠及所有公民，只是惠及一小部分当权者时，会发生什么？或者当公民的幸福比政府发展得更快时，又会发生什么？政府如何满足民众不断变化的需求？

政府是一个根据民众的价值观来组织社会的系统。不同的文化催生了不同的治理模式，每种模式都有自己的决策制定、关爱社会机制和回应公民需求的体系结构。

就像私营企业可能会因为创新而难以继续运营，让自己变得可有可无一样，当政府与民众的价值观不再同步时，类似的情形也很容易发生。美国人把GDP作为反映政府业绩的成绩单。责任存在于政府最初的社会契约中，即积极关心社会福祉，但我们该如何根据责任来评估政府的业绩呢？若要开展一种比单纯的经济交易更深入的有效性审计，我们又需要问哪些问题？

在民主政府中，我们习惯于相信，选举我们的代表就任或下台，就是要求我们更新治理的方式。但如果这种模式本身需要升级怎么办？我们是否相信两党制就是代表3.3亿美国公民话语的最佳表达？"驴""象"两党真的是一个由近两万个城市及村镇组成的国家的唯一选择吗？据估计，成年人平均每天要做超过35 000个决定。所以想象一下，总统或国家领导人在其任期内要做出多少个决定。除了改变治理模式中的参与者，我们该如何改变治理模式本身？

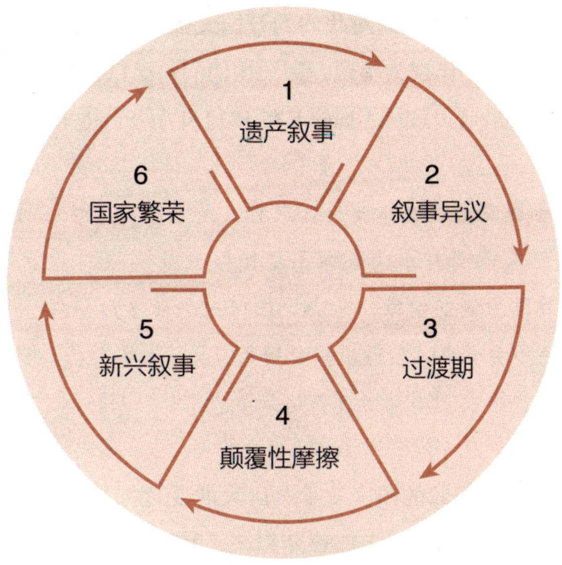

文化叙事生命循环

温斯顿·丘吉尔（Winston Churchill）有句名言：

民主制度是不好，但其他制度更糟糕。

问题是，上述声明把民主定位为一个静态的对象。我们要么选择民主，要么选择另一种形式，但政府不是一个二元选择，就像是选择香蕉还是苹果一样。制度、思想和普遍持有的信仰体系是动态的、有生命的。这一有机体在不断运动、不断被影响。社会契约也不应该是一成不变的。为了在不断变化的时代保持相关性，社会契约需要修订，应该处于不断重新设计的状态中。我们了解了美国宪法中的“弹性条款”，从字面上理解，它使国会能够制定新的法律，预见到对原有框架进行调整和发展的需要。但是我们使用这一条款的意愿又有多少呢？我们对我们的开国元勋如此崇敬，以至于我们可能会将他们的工作视为福音，甚至比他们自己认为的更神圣。

约翰·亚当斯（John Adams）在1814年写下了这段话：

> 我并不是说，从整体和长远来看，民主制比君主制或贵族制更有害。民主从来没有，也永远不可能像贵族制或君主制那样持久；但是，只要民主制能继续，它会比任何一个都更加血腥……请记住，民主制注定不会长久。它很快就会糟践自己、耗尽自己，并杀死自己。从来没有一种民主制不走上自杀这条路。

自那时起，我们的国家发生了巨大的变化，其方式远远超出了开国元勋的想象。然而，自1789年以来，我们的宪法只修改了27次，平均大约每八年半修订一次。与此形成对比的是，维基百科每秒就会进行两次修订。

甚至我们的开国元勋也考虑到社会变革的可能性，在宪法中加入了“弹性条款”。

究其核心，社会契约理论将权力等同于公众的意志——不像强权论，将权力等同于暴力，也不像神权论，将权力等同于君主。作为一种治理形式，此协议只有在参与者认为有意义时才会被激活。卢梭早在265年前就提醒我们注意公民意义的重要性，他写道：

> **当国家事务被谈起时，只要有人说：“这和我有什么关系？”这个国家可能已无可救药。**

这一警告在今天变得尤为重要。卢梭的意思是，当一个公民质疑政府是否与他的生活有关系时，政府的价值主张对这个人来说就已然不存在了。只有当政府反映了公民的看法，公民才会觉得政府是与自己相关的。相反，当全体公民不承认他们政府的性质与政府所服务的社会的价值观一致时，便是时候提出问题了。

一旦我们看不到自己的存在，就会产生疏离感。社会契约遭到破坏，失去了法律效力，因为参与者的漠不关心和疏离感，社会契约不再明确，变得隐匿，而公民的福祉也与社会契约交织在一起。

在重新解构人类经验的过程中，我们会面临道德上的挑战，性别、所有权、边界、警方的角色、公共卫生、薪酬平等、数据隐私等概念正在被重新构想。转型时期需要我们更仔细地审视我们与社会的关系，从而在本质上重新定义自己。这要求公民拥有激进的好奇心，这正是民主的一种更成熟的表达。衡量社会契约的一个标准是信任。没有了它，社会契约就变得无足轻重。

没有信任，我们的社会契约就失去了意义。

社会契约是由信任和成功的结果推动的。当无法找到信任或结果时，这些协议可能变得无关紧要。为了建立信任，我们需要提出问题。问题有治愈的力量。普遍的观点是，行动主义者应该为答案、解决方案和具体的目标或要求而斗争。但真正的行动主义意味着提出问题。它要求我们参与其中，参与到对话中，体现自己的存在并努力追求更好的结果。好奇心具有重新构建社会和重新建立联系的神奇力量。诚实地进行调查，可以在社会之间架起桥梁。

问题不仅是参与社会交往的最纯粹表达，还能激发有意义的凝聚力。

为什么我们不再倾诉

对话是一门失传的艺术吗？为什么要逃避对话？为什么会如此两极分化？在一个文化被隔离的世界里，我们如何进行文明的思想交流？如何将差异视为机遇？

好奇心的最大威胁是对话的消亡。

2016年，查理·普斯（Charlie Puth）与赛琳娜·戈麦斯（Selena Gomez）合作发行了流行单曲《我们不再倾诉》（*We Don't Talk Anymore*）。这首歌在包括美国、黎巴嫩、塞尔维亚、捷克共和国、匈牙利和罗马尼亚在内的20多个国家的榜单上名列前十。该视频在YouTube上的浏览量已达25亿次，在该视频分享网站排名前30。考虑到每天有50亿个不同的视频需要用户观看，这个成绩相当不俗。这首歌纪念了恋人的分离和心碎的痛苦。但对数百万认同它的人来说，它也是一首颂歌。一首轻柔的、尖锐的、痛苦的声音反复吟唱，它代表着我们这个时代的合唱：我们之间的隔阂。一个比以往任何时候都联系紧密的碎片化社会却也更孤立、更孤独。“我们不再倾诉”象征着比八卦更深刻的东西。我们正在放弃我们的语言、我们的工具和我们的空间，来显示我们的仁慈——看着对话的消亡，就像看着火车失事的慢动作画面一样。

现在的情况比不倾诉更严重。这不仅是因为我们脱离了对话。我们在公民社会中不再有诚实、真诚和建设性的交流。我们把分裂都标准化了，太容易将断开和分裂混为一谈，尽管二者明显是对话的不同条件。断开是一种被动状态：连接时插头被拔出，兴趣被切断。但分裂是一种主动的相互破坏，是“煤气灯效应”的主动实施，让受害者质疑自己的神智，寻求将煤气灯定位为解决方案的来源，旨在建立不健康的依赖关系。这明显是对清晰度完整性的损害，长久以来分裂已经常态化，它与其他习惯性看法融合在一起。其结果是我们自己都控制不了。

我们正在失去交流的能力。分裂使探究的欲望化为乌有，在交流的乐趣和喜悦产生之前就关上了那扇门。交流真的是一种乐趣。甚至有新的证据表明，当人们在某些任务上进行互动和合作时，我们的脑电波可能会同步变化，但我们正在关闭越来越多的门。有机会体验到脑电波同步的人已越来越少。

两极分化把事物分为两个截然不同的群体、观点及信仰。两极分化和差异是不一样的。一旦差异被接受，话语权便会随之而来，由此会带来多种可能性。我们是否有耐心将差异视为机遇？差异就好比由多样性构成的管弦乐队。

极点是光谱中两个相互排斥的对立点。两个点在一个连续体的两端，位置固定，永远走不到一起。真正的两极分化不仅是抵抗，更是与极端主义相关的愤怒的恒温箱。“polaris”是“两极分化”一词的拉丁语词根，难怪美国在 1961 年至 1996 年期间，会用它为携带核武器的两级固体燃料潜射弹道导弹命名。

我们把自己无法进行文明的思想交流当成了武器。2005 年，在喜剧中心频道，斯蒂芬·科尔伯特（Stephen Colbert）以嘲讽的态度为他的节目《言语》选了一个关键点。表达时机精准，带着过于自信的假笑，科尔伯特讽刺地断言，今天的关键词是“真相感”：

现在，我敢肯定，《韦氏词典》里的那些“词汇达人”“词汇警察”会说，这不是个单词。认识我的人都知道我不爱查词典，也不爱看参考书。书本是精英，不断地告诉我们什么是真的，什么不是真的，什么发生了，什么没发生……我不相信书本。书上讲的都是事实，唯独没有用心。这正是今天导致我们国家分裂的原因。面对现实吧，伙计们，我们是一个分裂的国家。不是民主党和共和党之间的分裂，不是保守派和自由派之间的分裂，也不是上层和下层的分裂。统统不是！是用头脑思考的人和用心灵体会的人的分裂。

我们被分为两种人，一种人利用知识和理性的思考工具来了解一切，另一种人利用直觉和情感来了解一切。“真相感”表达的是做出一个没有证据支持的决定时的满足感。我想相信我愿意相信的。当我想要相信某件事的时候，我会改变我的思想去支持那个想法，没有什么能阻断这个自我放纵的过程。当我们把思考的工具和感觉的工具分开时，结果是内部的两极分化。这种理性思维过程和感性思维过程的分离就是我们正在获得的更好的理解。

例如，近年来，我们对情绪如何影响我们的决策有了更多的了解。虽然我们可能会认为，每天做出的许多决定，有一些是程序化的，我们的大脑处于自动驾驶的状态，而对另一些决定，我们则会更多地运用我们的逻辑思考能力，但结果表明，情绪从根本上存在于所有的决策制定过程中，即使是最平凡的日常决定。神经学家安东尼奥·达马西奥（Antonio Damasio）发现，一旦负责产生情绪的区域受损，人们便无法正常做出决定：

他们可以用合乎逻辑的术语描述他们应该做什么，但很难做决定，哪怕是很简单的决定，比如吃什么。许多决定有利有弊——我是吃肉鸡还是吃火鸡？由于没有合理的决策方式，这些测试对象无法做出决定。所以，做决定时，情绪对选择而言非常重要。事实上，即使是我们认为合乎逻辑的决定，我们的选择也总是基于情感。

在神经科学的帮助下，我们看到心理健康和情感健康对我们如何理解、决策和领导是多么重要。以及我们多么容易受到外部声音的操控，这些声音可能会使用煤气灯效应来混淆我们的判断。两极分化的结果之一是造成情感混乱，迷失方向。考虑到我们需要大脑中的情感元素以伙伴而不是领导者的身份来做日常决定，想象一下，当我们的情绪扭曲时，我们的生活将如何继续。困惑往往来自我们对自身观点的过度坚持。两极分化滋生出更多的两极分化。在神经学层面，当两极分化加剧时，会产生一种迷失方向的环绕声，我们的决策会被这种状态削弱。两极分化的最终结果是一种持续的方向迷失，在这种迷失中，我们的情感无法得到表达。

在个人层面上，我们可能都有同感。很可能我们所有人都有过兔八哥[①]（Looney Tunes）的疯狂状态，我们甚至看不清正前方，耳朵里冒出蒸汽，脸涨得通红。我们不太可能意识到的是，在一定的人口规模上，迷失方向造成的长期影响。我们认为这些触发因素是单一情况，而不是整个人群心理健康的整体状态。

2008 年，贝尔·胡克斯在伯里亚学院庆祝阿巴拉契亚遗产的活动上发表讲话，描述了这种方向的迷失感：

① 兔八哥是漫画《兔八哥》中的角色，活泼开朗，又爱惹是生非。——译者注

我们想知道是否有可能在地球上和平地生活？我们的生命能维持下去吗？我们能否接受一种可持续发展的理念，这种理念不仅关乎对世界资源的适当关照，还关乎意义的创造？创造我们觉得值得过下去的生活。特蕾西·查普曼（Tracy Chapman）在歌词中表达了这种渴望，她唱道："我想醒来，想知道我要去哪儿。"当我四处旅行时，我一次又一次震惊于我们国家有多少公民感到迷失，感觉失去了方向，感觉他们似乎看不到我们的旅程将去往何方。他们不知道自己要去哪里。许多人都没有目的感。他们所知道的是，他们对即将到来的厄运有一种危机感。老年人也如此。那些活了一个十年又一个十年甚至更多个十年的老人说，现在的生活不同了，变得很奇怪。我们今天的世界什么都太多了。这太多造成了精神的荒原。每天的痛苦塑造了我们这些迷失、彷徨、不断寻找的人的生活习惯。

当我们关闭对话的大门，当我们致力于加深文化隔离时，就进入了一种不健康的状态。正如胡克斯对感觉的描述，就好像我们看不见我们的路会通向何方，有一种末日即将来临的危机感，我们的偏执将会进一步加剧。我们都听说过写作障碍，如果国家也会遇到公民障碍呢？如果我们的国家陷入瘫痪，让我们再也看不到未来呢？

《新资本主义宣言：建立一个颠覆性的更好的企业》（*The New Capitalist Manifesto: Building a Disruptively Better Business*）的作者乌梅尔·哈克（Umair Haque）在《美国人不再知道彼此如何交谈》（*Americans Don't Know How to Talk to Each Other Anymore*）这篇文章中写到这种独特的现象——当一个社会停止沟通时会发生什么：

创伤对我们有什么影响？它使我们高度警惕。它让我们变得偏执。我们不断地审视周围的世界，拼命寻找威胁，为我们的存在而寻找，寻找那些毁灭性的威胁。我们总是感到有被毁灭的危险。我们有这种不稳定的感觉。但这难道不是美国人的生活吗？美国人的生活又该是怎样的？就像我常说的，这是一场艰苦而残酷的生存之战。美国人必须每天起床为其他富裕世界的人认为理所当然的东西去竞争，因为生活在欧洲和加拿大的人只是互相提供最基本的东西。但美国人必须为医疗、药品、一点点钱、工作、住所、食物、交通、维持照明进行残酷的竞争。

我们不再倾诉。这不仅是一个沟通问题，这是一个公民问题。在这一点上，我们的两极分化正在滋生出更多的两极分化，快速发展导致了一种人口规模的创伤，我们的生活方式正在强化我们的极端心态。

应对这种问题的唯一良药就是对话。不是因为对话能直接解决问题，而是因为对话能改变混乱的局面：放慢我们的速度，改变我们的节奏，让我们处于一种相互倾听的状态，这样才能获得新的见解，展开更多合作。

我们为什么需要对话

依赖他人和轻视他人的界限在哪里？对不属于自己的故事，我们有多感兴趣？没有了他人的视角，我们如何看清自己？如果不是为了获得我们生活经历之外的体验，对话又是为了什么？

俄罗斯哲学家米哈伊尔·巴赫金（Mikhail Bakhtin）是最早提出对话概念的思想家之一。也许他最重要的作品就是《对话的想象力》（*The Dialogic Imagination*）。巴赫金通过研究陀思妥耶夫斯基的小说推动了文学理论的发展，分析了这位俄国作家精湛的叙事结构，解构了与传统文学的单一架构相反的多重声音。巴赫金的著作为文学研究带来了复调的概念——一种以同时出现的多个观点和声音为特征的故事结构。

对巴赫金来说，生活是一个共享事件，一个有着无限块面组合的魔方，就像立体主义画家对世界看法的文本版。巴赫金认为，生活就是与构成任何叙事的各种声音、演员和观点的对话。在研究对话时，巴赫金强调了外在性的概念，以阐明对话互动是如何进行的。在一次采访中，巴赫金说：

为了理解，对于理解的人来说，置身于他的创造性理解对象之外（在时间、空间和文化中）是非常重要的。我们真实的外表只能被其他人看到和理解，因为他们在空间上位于我们之外，因为他们是他者。

在这种情况下，“外在”是指走出自我的圈子，真正看到我们正在经历的那些有意义的体验。事实上，巴赫金质疑，如果没有另一个视角的观点，我们是否能看到自己。他提出，需要他人来提供这种视角，因为如果没有他人提供的镜子，我们就无法看清自己。我们太沉浸在自我叙事中，无法看清自己。要想了解全貌，就要进行对话。

带有自我偏见的、第一人称的自我报告不应该是我们经历的唯一叙述者。我们需要谦逊地依赖他人，而不是只靠我们自己。“外在性”是指看到别人的观点，而不是自己的，就像“站在他人的角度思考”这句流行的谚语所表达的那样，这句话出自女权主义改革家、诗人玛丽·托伦斯·拉瑟普（Mary T. Lathrap）1895 年写的《温柔地审判》（*Judge Softly*）一诗。

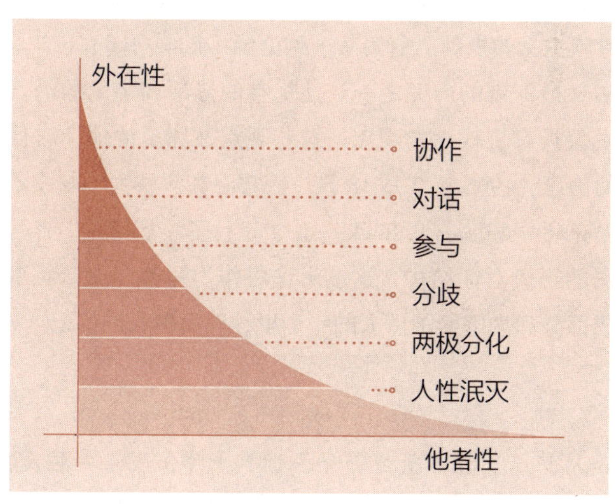

巴赫金的外在性概念是各种情商、系统思维和涌现理论的最基本的先驱。但也许最重要的是“外在性”与“他者性”概念的直接冲突。如果说“外在性”是依赖别人来看待自己的谦逊，那么“他者性”就是建立在一种虚假的优越感之上，这种优越感消除了我们更好了解自己的机会。“外在性”将权力集中并分配给他人，这时的权力是与他人共享的，而“他者性”则剥夺了他人的权力，将人们分隔成不同的群体，使人丧失人性，并在社会之间筑起高墙。

“他者性”来源于我们彼此的不熟悉和我们彼此不再倾诉。没有对话，我们就看不到“他者”对我们的理解与我们对自己的理解之间的相互联系。对话一旦缺席，“外在性”的整体性便消失了，“他者性”的隔离性本质就出现了。

在对话缺席的情况下，我们切断了与他人的联系，孤立地活在回音室中，强化作为唯一叙事视角的自我。

如果社会不通过对话得到加强，就会被“他者性”削弱。“他者性”是种族主义的根源。詹姆斯·鲍德温（James Baldwin）是表达美国种族主义最深刻的声音之一。他优雅的修辞和罕见的语言能力使他能够发表具有挑战性的观点，这些观点破坏了他那个时代人们普遍持有的信念。1965 年 2 月 18 日，鲍德温在剑桥大学与小威廉·弗兰克·巴克利（William F. Buckley Jr.）进行了一场辩论。作为一种有鲜明意图的正式对话结构，这场辩论将作为鲍德温遗产叙事的一个重要组成部分和理解美国黑人的一个里程碑而被人们铭记。鲍德温在辩论中说：

只是从第二次世界大战开始，世界上才出现了一种反向形象，这种形象不是通过任何美国政府的任何立法产生的，而是通过非洲突然出现在世界舞台上，以及非洲人必须以一种前所未有的方式被对待这一事实产生的。这让一个美国黑人第一次觉得自己不再是野蛮人或小丑。它已经制造出，并将继续制造出更多难题。

经过观众投票，鲍德温以540票对160票赢得了辩论。但正如尼古拉斯·布科拉（Nicholas Bucola）在《火烧到了我们身上》（*The Fire Is upon Us*）一书中所讲的那样，这一努力本身在一个关键方面出现了失败：

鲍德温为赢得剑桥辩论而自豪，但令他感到沮丧的是，巴克利和其他许多美国白人一样，似乎没有理解鲍德温想表达什么——几乎就像路德维希·维特根斯坦（Ludwig Wittgenstein）在《哲学研究》中提出的著名命题一样："如果一头狮子会说话，我们也听不懂它在说什么。"因为狮子说的是一种与我们的现实完全不同的语言。鲍德温在辩论中说，他和巴克利每人都有不同的"现实体系"；两人都是各自领域的雄狮，能够在一起辩论，却无法相互理解。

对话能改变一个人的想法吗？如果能的话，要花多长时间？我们是否对自己参与表达训练的这两种声音有一种期望，期望它们都能在进入训练馆之前获得另一种声音所拥有的全部生活经验和信念？对话到底是为了谁？是为了改变谈话对象的想法，还是为了给第三方观众表演，让他们成为你当下或日后谈话的见证？历史是我们的听众吗？

在巴克利－鲍德温辩论结束50多年后，美国仍在与种族问题做斗争。仍然在与它赋予或剥夺的权力做斗争，仍然走在外在性和他者性之间危险的绳索上。当我们处于最佳状态时，我们展现出了一种外在性，我们将国家视为一个整体，我们的未来是合作性的相互依存。状态欠佳时，我们又顽固地执着于他者性：我们被分化为两极，充满了破坏和非人性的愤怒。

文学巨擘、诺贝尔文学奖得主托妮·莫里森（Toni Morrison）是讨论“他者性”话题的主要人物之一。巴赫金去世近40年后，莫里森接下了他的指挥棒，向文学经典发起批判。她的论点将复调和对话推到了最前沿，在文学和文化话语中寻找代表黑人的存在。莫里森倡导通过讲述他人的声音、故事和经历来重新获得黑人视角下被他人剥夺的权力。正如普林斯顿大学非裔美国人研究项目主任内尔·欧文·佩因特（Nell Irvin Painter）在《新共和国》（*The New Republic*）杂志上对莫里森的评论：

> 在1988年的塔纳讲座（Tanner Lectures）以及后来的《在黑暗中弹奏》（*Playing In the Dark*）一书中，她反对单色文学经典，这类经典似乎永远都是自然而然且不可避免的“全白”，但实际上却是“刻意”为之。她指责学者们为了摆脱黑人的存在，对文学史和文学批评进行了“额叶切除”。拓宽我们对美国文学的理解，超越纯白人男性的范畴，受益的不仅是非白人读者。开放不仅有利于美国人的心理健康，也有利于美国人的智力健康，因为用莫里森的话说，清除了黑人文学的白人种族意识形态是“野蛮的”。她称“白人化”这个概念是“一种非人道的想法”。

他者性已经将他人从我们的集体叙事中抹去、从我们的成就中抹去、从历史对话的参与者中抹去。《他者之源起》（*The Origin of Others*）改编自莫里森在哈佛大学的诺顿讲座。正如佩因特所写：

他者是通过归属和差异的代码来表达的。最常见的是，代词通过使用第一人称和第三人称复数来表达“我们”和“他们”之间的界限。“我们”有归属感；“他们”是他者，没有归属感。那些“他们”会被表达厌恶感的负面语言来描述：黑人被描述成丑陋的、有污染性的。莫里森说，对颜色的定义决定了什么是美国人，因为归属感与白色紧密相关。拥有白色才可能拥有归属感，而没有这种颜色就没有归属感，会被定义为更低级的东西，甚至连人类都不是。拥有白色和没有白色都不再是自然属性或生物基因方面的问题。有些事总得发生；有些进程总要开始。

莫里森试图让人们看到的代码和信号是遗产叙事的一部分，这些叙事正在慢慢消亡，但并非没有斗争。他者性、种族主义和白人的“非人道观念”被模糊成我们周围的文化信号。如果我们渴望与他人建立健康的关系，我们就需要让这些不可见的准则变得可见。好奇心就是解码这些信号的方式。好奇心是去看、去观察、去倾听历史上的权力结构是如何支配我们彼此之间关系的方式。好奇心是有意识地建立良好关系的方式。好奇心是拒绝接受我们屈从于这个世界的方式。好奇心也是对我们如何驾驭那些应该被挑战、被解构、不再被资助和被重新构想的准则负起责任的方式。

代码可以是显性的也可以是隐性的，甚至隐藏在众目睽睽之下。然而，这么多年看上去无害的信号，实则是遗产叙事留下来的化石。比如，2020 年夏，甜蜜使者（Good Humor）冰激凌公司宣布将改变冰激凌贩卖车那广为人知的叮当声。包括我本人在内的无数美国人都把这首歌与欢乐的到来联系在一起。但事实证明，那些大喇叭里传出的熟悉的旋律是《稻草里的火鸡》（*Turkey in the Straw*），这首歌有着悠久的种族主义历史，可追溯至 19 世纪 30 年代。美国全国公共广播电台（NPR）的娜塔莉·埃斯科瓦尔（Natalie Escobar）在一篇文章中对甜蜜使者冰激凌公司的声明进行了披露：

> 但直到巡回吟游诗人的出现，这首歌的旋律才真正融入美国流行文化——这首歌的歌词也带有种族主义色彩。19 世纪 30 年代，吟游诗人乔治·华盛顿·迪克森（George Washington Dixon）让一首名为“Zip C**n”，的歌曲流行起来，这首歌以熟悉的曲调为背景，提到了一个黑人角色，正如约翰逊所写的那样，这个角色是个“城市老滑头，与愚蠢的乡下黑人角色形成鲜明对比，后者的名字在 20 世纪的美国臭名昭著：Jim Crow[①]”。

不久，甜蜜使者冰激凌公司宣布将与说唱歌手、音乐家兼制作人罗伯特·菲茨杰拉德·迪格斯（RZA）（嘻哈组合武当派 Wu-Tang Clan 的成员）合作，创作一首新的广告歌曲。这在很大程度上是一个象征性的举动，因为甜蜜使者冰激凌公司自 1976 年以来就没有运营过任何冰激凌贩卖车，但该公司希望这一方案“能解决部分问题”。

我们穿梭在一个充满遗产叙事信号的世界里，这些信号被伪装起来，融入当下的环境。这个例子说明了挖掘遗产叙事的重要性。新叙事的作者需要与旧叙事进行对抗。如果我们找不到一种方法来评估我们过去的裂痕，我们就不知道该如何改善我们的未来。如果没有这样的对抗，我们的故事就会使我们的身份永久化，将我们束缚在一个我们没有公开反对过的过去。

历史思考是一种对话，是勇敢地面对我们的过去，为我们的未

① Jim Crow 后来逐渐成为种族隔离和种族歧视的代名词。——译者注

来提供信息。我们不断地与前人对话。虽然这些历史的主角已经去世，但他们的故事留了下来。我们是否意识到，在我们面前展开的故事中，我们的现在已如此深深地植根于其中？我们对不属于自己的故事有多大兴趣？我们能理解我们的现在是如何被束缚、被包围，以及如何利用他人的成就取得进步的吗？我们关心他人吗？

第一位获得普利策奖的黑人（因其1950年的作品《安妮·艾伦》（*Annie Allen*）而获奖）、诗人兼小说家的格温多林·布鲁克斯（Gwendolyn Brooks）这样写道：

我们是彼此的收获；我们是彼此的事业；我们是彼此重要的存在和纽带。

如何提出关键问题

如果提出错误的问题，如何得到正确的答案呢？“正确的问题”存在吗？问题的架构可能带来负面影响，也可能带来价值的增长，但我们在问题拟定方面是否有同样的准则，就像我们在解决问题时一样？我们如何提出更深刻、更根本的问题？如何对以探究为基础的领导文化进行再投资？

好奇心是通过提问来表达的。但是我们经历的绝大多数事情都无须质疑。现代生活的速度、社会规范行为的便利性以及权力的巩固为社会的自行运转创造了条件。我们在操控社会这部车子的方向盘上打着瞌睡，管理着大多数人不理解、不相信或不参与创作的任务。我们的本意通常是好的。但是，如果挑战行动失败，它所造成的伤害比我们意识到的要更严重：伤害的是那些可能实施这些行动的人，那些因未考虑政策和意识形态而承担下游负担的社会行动者。

商业世界是无人问津的问题的坟场，它正在使社会破产。让所谓的好意见鬼去吧。我们可以做得更好。

我们的生产经济文化让我们的每天都充斥着毫无生气的交易。

日常维护消磨了我们工作和领导的意义感，就好像商业事务已经变成了对单调平淡事物的管理。

你明白这是怎么回事：有一个新想法在四处散布。一家《财富》500强公司决定成为该领域的领导者，但公司里没有人了解这一领域。因此，团队决定先召集该领域的思想领袖。但会议是需要筹划的。所以你的主管举荐你加入一个委员会。开会，分配任务，你不知不觉地就负责起了协调与会代表的停车事宜。与此同时，几个星期过去了，没有人停下来去质疑这个过程或这些任务是否产生了任何有用的东西。我们没有对这个新想法进行探讨，而是把话题转移到了负责停车事宜的委员会上，我们距离价值的来源还远得很。

为工作而工作，相当于摄入毫无营养的卡路里。

这种情况在政府中也会发生。以当下关于医疗保健的话语为例。从2010年奥巴马医改成为法律的那一刻起，到2020年大选中民主党候选人争先恐后地解释各自的医疗保健平台，我们作为一个国家在错误的对话中陷入僵局。医疗保健话语的重点不是健康，而是谁来为健康买单。

2019年，美国在医疗保健方面的支出为3.8万亿美元，每个美国公民约为11 582美元，是日本、加拿大、德国和瑞士等健康国家人均支出的两倍多。

也许问题不应该是谁来为医疗保健买单，而是为什么我们每年要在一个没有什么好结果的事情上花费超过3万亿美元。要回答这个问题，就要弄清楚在21世纪健康到底意味着什么。我们目前的调查状态已经抛弃了亚里士多德的“第一性原理”，即将事物归结为最基本的组成部分，以便为清晰的演绎推理做准备。

洞察力——无论是对组织机构而言、还是对社会和政府来说——都源自基本问题。这些基本问题将我们的行动锚定在我们的目标感上，并成为高影响力战略的基石。好问题可以让我们走上弹性价值和价值快速增长的创造之路，而未经质疑的行动只能导致更多的交易活动。我们迫切需要在企业和公民社会中对以探究为基础的领导文化进行再投资。

我认为，一切价值创造都源于关键问题的性质。

多年来，受阿尔伯特·爱因斯坦一句名言的启发，我采用了一种提问方式。当被问及如果只有一小时的时间，他会如何解决问题时，爱因斯坦答道："如果给我 1 小时解答一道决定我生死的问题，我会花 55 分钟弄清楚这道题到底在问什么，一旦清楚它到底在问什么，剩下的 5 分钟足够回答这个问题。"

我们需要花更多时间来理解这个问题。如果我们能把困难当作问题来看待，我们就能更好地理解我们正在解决的问题，并在实现目标的必要步骤上保持一致。在爱因斯坦的模式中，超过 90% 的解决问题的过程将花在找到问题上：这样做可以问出更好的问题，进而产生最有价值的见解。这是今天的领导者必须效仿的，以便以大胆创新的方式迎接当今的挑战。

当我的工作室开始对提出好问题的实践和方法进行深化时，1962 年 9 月 12 日约翰·肯尼迪在莱斯大学足球场发表的著名的"登月人"演讲中找到了一个理想的研究案例。作为现代历史上大胆、有远见的最具标志性的领导典范之一，肯尼迪宣布：

我们选择登月。我们选择在这个十年内登上月球，并完成其他任务，不是因为这些任务容易，而是因为它们困难，因为这个目标将有助于衡量我们精力和技能的最佳水平，因为这项挑战是我们愿意接受的，也是我们要赢的，其他挑战也是如此。

我们要记住这部分演讲。这是我们回放的片段，但肯尼迪的问题是什么呢？他想达成的目标是什么？他打算采取什么行动来实现这一目标？

在我的工作室里，我们将问题的拟定分解为三个元素：愿景、工具和影响。

愿景是关键问题的一种形式。当我们把愿景作为问题提出时，就是在将其看作未来的机遇。

工具是战略规划的一种形式。愿景和影响一旦确立，我们就可以推断出适当的工具，工具是一组战略活动，通过这些活动我们可以实现期望的结果。

影响是对未来想象的一种形式。当我们将影响描述为一个故事时，我们就将结果构建成了一个成功的叙事。

让我们将以上所说的应用到肯尼迪的登月计划上。我们总是认为这个愿景就是月球。但月球已经成为更复杂愿景的简化符号。

肯尼迪的愿景是“美国的文艺复兴”，对科学、技术、工程和数学的新领域的探索。肯尼迪想要提出的问题是：我们能否超越我们目前所知和所能完成的，承担起让美国变得更伟大这项有意义的任务？

肯尼迪的工具数量庞大、种类繁多。这些工具包括数十个战略项目，从与制造业的合作到对美国国家航空航天局（NASA）的投资，再到教育和培训领域的积极参与。据说，当肯尼迪总统明确提出要实现人类登月这一目标时，我们还没有能力实现它。经过多年的研究、测试、试验、制造样机、失败和再试验，才组建了实现这一看似不可能的结果所需的工具和专业知识。工具的打造是一项不那么吸引人的工作，只有值得我们为之早起去奋斗的充满灵感的愿景和未来出现时，它才会出现。

影响是当一个抽象的目标已经实现时所发生的事。我们怎么知道我们正生活在美国文艺复兴的时代？每个公民一打开电视，就能看到人类登上月球的新闻画面。这将成为有形的衡量标准，想象中的未来将实时上演，我们都将见证这一时刻。人类登月不是幻象，它是成功的结果。

这三要素构成了一个有凝聚力的战略的基石。构建一个令人信服的关键问题，想象一下这个问题的预期答案会是什么，并提炼出实现这一想法的工具，这才是领导能力的真正体现。

愿景
作为关键问题

我们能引领美国文艺复兴吗？

工具
作为战略规划

科学、技术、工程和数学（STEM）政策，以及投资和合作关系的组合

影响
作为想象的未来

你将看到人类登月的实现

问题三要素及相互关系

多年来，我同涉及生活各个领域的领导者和利益相关者一起拟定了成千上万个问题。有“人类存在的目的是什么？”这样的哲学问题，也有“我们会引发健康领域的一次疾病大流行吗？”这样的社会问题，还有“我们该如何定义价值？”这样的商业问题。但什么才是有价值的关键问题？关键问题包含几个特点。这些更深刻、更重要的问题就是激进的好奇心的最佳体现，见下图。

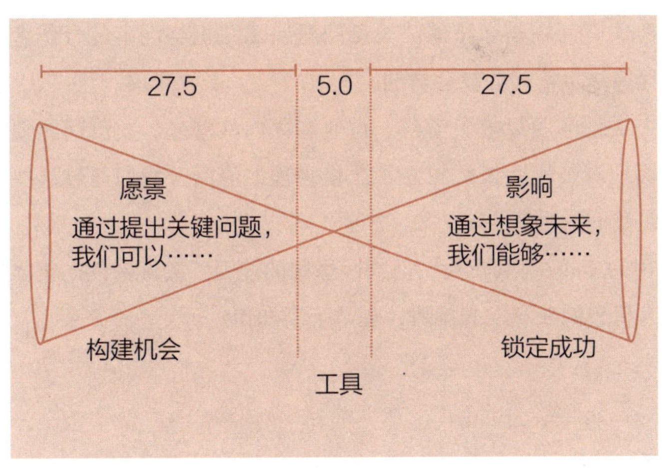

建构策略

1. 关键问题会让我们重新审视那些我们认为理所当然的想法。关键问题要求我们重新考虑我们所知道的，用全新的眼光看待我们熟悉的东西，这样才能看到新的东西。

2. 关键问题会剥去外在的假象，力求更接近核心动机。关键问题要求我们去理解为什么会发生，而不是发生了什么。

3. 关键问题要考虑到更广泛的影响变量。关键问题要求我们去考虑意想不到的联系，以解锁变革性的见解。

4. 关键问题着眼于更长的时间框架，看到的是更长远的未来。关键问题要求我们超越现在，考虑到过去及未来。

5. 关键问题揭示了我们的偏见，使它们清晰地呈现在我们面前。关键问题要求我们去面对自己思维的局限。

6. 关键问题拒绝个人主义，拥抱善解人意。关键问题要求我们看到特定情势下的人性，但要探究其发生背景。

7. 关键问题有荒谬性，也有对超出预期的颂扬。关键问题要求我们通过幽默来重新调整我们的假设。

8. 关键问题是私密的。关键问题要求我们与同事、合作者及合作伙伴缔结可信赖的社会契约。

9. 关键问题打破了学科、行业和部门的壁垒。关键问题要求我们全面地看待这些彼此独立、严格管理的隔间，我们通过这些隔间来组织我们的生活。

10. 关键问题赋予我们批判性思维的能力。关键问题向集体智慧中强大思想的遗产发起挑战，创造了新知识。

时间

我们需要创造一种空间，让人们可以享受闲暇的时光，甚至可以做白日梦。我们需要安静的独处，为更深刻的思考腾出空间：在这样的空间里，闲散和缓慢的时间不是我们的敌人，而是我们最需要的朋友。

我们自身利益的数字化

我们的时间属于谁？我们是否交出了自己的声音、自由意志、原创能力，以换取轻易分散的注意力、肤浅的社会认可和对多巴胺激增的无休止追求？要保护自己的时间不被那些试图从中获利的人操纵，我们该做些什么？

科幻作家厄休拉·勒古恩（Ursula K. Le Guin）在她的小说《一无所有》（*The Dispossessed: An Ambiguous Utopia*）中写道：

> 如果时间和理性是相互作用的，如果我们是时间的产物，那么我们最好对时间有所了解，尽量充分利用时间，负责任地使用时间。

我们正是时间的产物。时间也许是这世界上最宝贵的资产，因为它无法再生。我们可以生育更多的人，我们可以生产更多的食物、赚到更多的金钱、搭建更多的住所。我们甚至可以在一定程度上恢复我们的身体和健康。但我们不能制造出更多的时间。因此，正如勒古恩提出的明智的建议：我们最好了解时间，尽量充分利用时间，负责任地使用时间。然而，勒古恩是在 1974 年写下这些话的，当时距离互联网普及还有近 20 年。后来出现了一个有些复杂的小问题。

在我们与时间的关系中，我们不再是唯一的利益相关者。我们的时间不再属于我们自己。时间是一种不可再生资源，面临着另一种气候危机。

在人类进步的宏伟蓝图中，社交媒体的爆炸式增长是一个新现象。脸书（Facebook）成立于2003年。爱彼迎（Airbnb）成立于2008年。优步（Uber）成立于2009年。照片墙（Instagram）成立于2010年。它们的到来标志着信息共享、娱乐、工作和休闲的新前沿。早期社交媒体的大规模出现使受众来不及对它们进行批评。这种新现象可能并不完全是积极的，而接受和加入这一浪潮的社会压力掩盖了这一可能性。但是，越来越多的人开始公开讨论社交媒体的（非）预期后果，以及当今技术的沉浸性。连生计都与我们对技术的使用联系在一起的技术专家自己也开始讨论，甚至否认给数字世界提供了操控我们的机会。社交媒体革命的缔造者挺身而出，对我们每个人及全人类产生的有害影响提出了问题。正如神经学家丹尼尔·列维汀（Daniel J. Levitin）在《一键拯救你无序的大脑：心智失序时代的认知效率提升方案》（*The Organized Mind: Thinking Straight in the Age of Information Overload*）一书中所解释的那样：

每次我们以这样或那样的方式发送邮件时，我们都会获得一种成就感，我们的大脑会得到一点奖励激素，告诉我们自己完成了一些事。每次我们查看推特或脸书的更新时，我们都会遇到一些新鲜事，感觉自己与社会的联系更加紧密了（以一种奇怪的、非个人的网络方式），这时候我们就会获得另一种奖励激素。但请记住，是大脑中愚蠢的、追求新奇的那部分驱动着边缘系统引起了这种愉悦感，而不是前额皮质中掌管计划、安排及高级思维的中心。这种愉悦感可不是真正的愉悦：查看电子邮件、脸书和推特构成了一种神经成瘾。

2018年，计算机科学家、虚拟现实技术先驱杰伦·拉尼尔（Jaron Lanier）发表了TED有史以来最引人注目的演讲之一。演讲中，拉尼尔与观众进行了一场亲密的对话，这场对话让人感觉几乎没有演讲稿，但在技术对独立思考的控制方面拉尼尔提出了勇敢的批评。在提到诺伯特·维纳（Norbert Wiener）的《人有人的用处》（*The Human Use of Human Beings*）一书时，拉尼尔这样说：

维纳描述了创造一种计算机系统的可能性，这种系统可以从人们那里收集数据，并实时向这些人提供反馈，以便在对部分数据进行统计后将其放入行为主义系统的斯金纳箱（Skinner box）中，维纳说过一句惊人的话：作为一个思想实验，人们可以想象——我是在转述，而不是引用——人们可以想象一个全球计算机系统，每个人都随时携带着各种设备，这些设备会根据他们的行为给他们反馈，所有人的行为都会受到一定程度的矫正。这样的社会将是疯狂的，它也无法存在下去，无法面对自身的问题。然后维纳说，但这只是一个思想实验，这样的未来在技术上行不通。然而，这当然是我们创造的，如果我们要生存下去，就必须改变这一切。

拉尼尔描述的行为改变，加上列维汀称之为“神经成瘾”的人工愉悦，使我们处于一种陶醉的状态。生活在这样的国家，我们对自己缺乏理性的认识，对自己的决定缺乏控制，对藏在暗处操纵这些决定的行动者和利益的认识更少，无论他们是寻求对选举产生终极影响的外国行动者，还是将营销和广告信息植入我们自认为所需的真实“饲料”中的诱人融合，或者仅是一个肤浅的“点赞”游戏，以及对我们实际上并不关心的事情的回应所带来的永久的困惑和分心。在这个多巴胺的反馈闭环中，我们失去了自己的声音。

我们到底有多“喜欢”自己八年级的朋友为午餐做的三明治的照片？在最后一次见面的18年后，我们的大学室友要去另一个国家，我们真的感到难过吗？对世俗琐事做出反应和回应的持续压力正在侵蚀我们的能动性和发言权。结果，它抑制了我们的批判性思维，熄灭了我们的好奇心，削弱了我们探索和原创的能力。当这个系统的设计是为了奖励转发、点赞、分享和选择正确的表情符号来回应其他作者时，积极地创造一个新想法还有什么意义呢？我们正在创造一代字面上和喻义上的追随者，将原创贬到一旁。

引领这场讨论最强音的特里斯坦·哈里斯（Tristan Harris）曾是谷歌（Google）的设计伦理学家，现在是人文技术中心（Center for Human Technology）的总裁兼联合创始人。对这个挑战，他是这样描述的：

> 当你对社会认同的缺乏不以为意，当我们的社会认同受他人影响，比如点赞之类，而我们不能不在意时，大规模的自恋文化便由此产生。比如，每个人都必须成为有影响力的人，或者，我是否有和我朋友一样多的粉丝，我必须把那张照片撤下来，等等。这就是证真偏差，即在神经系统层面，获得对我们世界观予以肯定的信息会让我们感觉好，而得到否定的信息会让我们感觉很糟，这样一来就会得到假新闻。如果你激起了我们的愤怒，得到的将会是两极分化，如果你赢得了我们的信任、挑战了我们所知的极限、动摇了我们对某件事相信与否的基础，你得到的就会是深度造假和冷冰冰的机器人。这似乎是在将你的神经系统逼入死局。

我们的神经性成瘾、自恋文化、对社会认同的永不满足的渴望，以及证真偏差的流行，这些加在一起制造了一场完美的风暴，摧毁了我们独立批判性思维的能力，引导我们做出越来越多的决定，这些决定客观上并不符合我们的自身利益，只是我们周围那些看不见的利益游说的下意识反应。我们已经放弃了自己的声音——问不出问题，从那些给我们送奶酪的捕鼠器把戏中得到快乐的满足，而不必停下来决定我们是否真的饿了。

全面拒绝技术并不是一个可行的解决办法。但像哈里斯和拉尼尔这样具有挑衅的声音正在继承衣钵，努力提高我们对所面临风险的集体意识。挑战自己，摆脱对现有技术的依赖，开发服务于而不是破坏人类生存的新技术，这既需要激进的好奇心，也需要激进的行动。

时间的数字化是一个将时间解构并重新分配为越来越小且相互作用的微颗粒（或字节）的过程。这在一定程度上是因为数字世界更看重交互性的存在，即视觉证明，而不是交互的深度或质量。更糟糕的是，我们正在现实生活中模仿这些行为。或者就像我们在网上说的：IRL。因为键入“在现实生活中”这几个字需要的字节太多了。

基于网络的协作工具 Basecamp 的联合创始人、《重来：更为简单有效的商业思维》（*Rework*）一书的作者杰森·弗里德（Jason Fried）幽默地阐述了对时间的解构是如何降低我们的工作质量的：

人们去上班，他们基本上是在用自己的工作日换取一系列的“工作时刻”——这就是办公室里发生的事。就好比办公室的前门就是一台美膳雅（Cuisinart）的厨具，一走进去，你的一天就被切成了碎片，在这儿花 15 分钟，在那儿花 30 分钟，然后还有其他事，工作却被耽误了……接下来是午餐，然后你还有别的事要做……还没等你意识到，已经是下午 5 点了，回顾这一天，你发现自己什么都没做。

我们完成了任务，却没有完成有意义的工作。这是因为人们确实需要较长的一段不受干扰的时间来思考如何完成一件事。弗里德接着将深度睡眠的质量与深度工作的质量进行了比较。我们不再经历完整的不被打断、不受干扰的“快速眼动睡眠期”（REM cycle）。就像缺乏不间断的睡眠一样，不受干扰的时间的缺乏也在影响着我们的推理能力。

奇怪的是，即使我们很清楚大量的研究表明同时处理多项任务会降低工作效率，而且还会损害我们的心理健康，但我们还是对多任务处理称赞不已。加州大学欧文分校（University of California, Irvine）的研究人员发现，典型的上班族平均每 3 分零 5 秒就会被打断或进行任务切换，而当这种情况发生时，他们得要 23 分 15 秒才能恢复到被打断之前的专注程度和任务环境。《过载！过量信息如何危害你的公司》（*Overload! How Too Much Information Is Hazardous to Your Organization*）一书的作者乔纳森·斯皮拉（Jonathan Spira）估计，干扰和信息过载每年浪费 280 亿小时，给美国经济造成近 1 万亿美元的损失。

这个关于社交媒体和物联网的宏大实验怎么会暴露出这么大的问题？我们对忙碌幻象的敬畏—— 一种我们对生产经济的崇拜，让我们陷入了生存危机，同时剥夺了我们思考摆脱这一危机的能力。想让自己弄明白这一切的意义何在，我们必须问哪些关键问题？

我们能不能问问自己，为什么我们一开始就被社交媒体的诱惑之歌所吸引？我们被脸书吸引是因为我们想与社会建立联系吗？我们注册照片墙真是为了讲故事吗？我们开始在领英（LinkedIn）上积累人脉是为了找到令人满意的工作吗？我们喜欢谷歌是因为我们对知识充满渴望吗？当我们问这些问题时，我们要提醒自己，事实上，这些技术的核心是人类的活动。毕竟，技术只是工具：技术被设计成作何用途才是最重要的，是时候重新设计这些工具，让它们为人类服务了。

科幻电影之外的时间旅行

对于那些“领先于时代”的想法、人、组织机构，我们该如何理解？对于领导者而言，如果能够深刻理解并将时间作为一项关键资产加以利用，又会怎样？

在经典影片《回到未来》（*Back to the Future*）中，马蒂·麦克弗莱（Marty McFly）在多条时间线上生活。他不小心开着一辆德劳瑞恩牌汽车来到1955年，去看望他那还未坠入爱河的父母。马蒂的任务很简单：利用时间旅行技术（目前还不存在）让自己回到1985年；重现他不善社交的父亲乔治·麦克弗莱（George McFly）和热恋中的母亲洛林·贝恩斯（Lorraine Baines）在“海底魔法”高中舞会上相遇的场景；只有这样做，才可以避免像宝丽来照片一样神奇地消失。嚯！迈克尔·福克斯（Michael J. Fox）饰演的马蒂在舞会上加入乐队演奏了《地球天使》（*Earth Angel*），这是那个时代焦虑的青少年很喜欢听的一首慢歌，他的精彩表演使舞会气氛达到了高潮。但后来马蒂演奏了一首《查克·贝里》（*Chuck berry*）《约翰尼·B. 古德》（*Johnny B. Goode*）的摇滚版来放飞自我，可这首歌真正创作出来要等到三年后。当整个希尔代尔高中（Hilldale）的学生都停止跳舞，目瞪口呆地看着他时，马蒂才意识到自己已经超越了当时的时间线，他以这句俏皮话作为结束语：我猜你们还没准备好接受这首歌。但你们的孩子一定会喜欢。

从某种意义上说，这部 1985 年的影片——就像片中的歌曲和影片所讲的故事一样——超越了那个时代。尽管情节相对荒诞，但《回到未来》及其续集提供了一个有用的思想实验，突破了时间概念的限制。在该系列的每部电影中，我们都会看到一个角色，先是领先，接着落后，然后遥遥领先，最后回到他们应该存在的时间线。

但对我们来说，正确的时间线是什么？我们该如何理解那些“领先于时代”的想法、人或组织机构？

“领先于时代”（ahead of one's time）这个短语是对“走在前列”（ahead of the curve）这一短语的解释。一些消息来源指出，该短语来自美国军方和飞行技术领域：

“飞机固有的稳定性——如果保持机翼水平，在动力曲线前飞行——将控制飞机的俯仰姿态，对机身损坏的可能性比飞行员使用大升降舵控制输入要小。……功率曲线展示了飞机的速度如何随着发动机功率的变化而变化。”在这个空速下，飞机在继续平直飞行的同时需要更多的推力来降低速度，而这与我们的常识相矛盾。飞行员认为飞机在这种状态下会落后于动力曲线，这种情况很危险，飞机几乎处于失速状态，而防止失速出现的可能性微乎其微。另外，如果飞机处在动力曲线上方，飞行员就会有更多的操作选择。

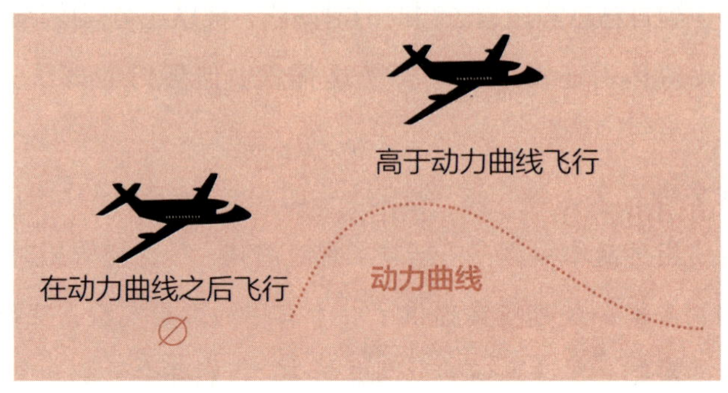

这种基于工程学的解释给了我们一个有用的比喻。“落后于形势”很危险。作为一名飞行员，只要能让飞机保持在动力曲线之上，你就有更多的控制权，有更多的操作可选。选择的力量正在于走在时代前面。

对于领导者来说，走在时代前面也是最好的选择，在这个空间里，我们被赋予最多的操作选择。然而，作为优化我们解决问题的过程和扩展我们在世界上存在方式的工具，走在时代前面既被低估，也未被充分利用。

如果我们能够理解并将时间用作创造变革性影响的基本货币，而非任其流逝而不加利用，那会怎样？

我相信，正是人性的缺陷才导致了这个机会的丧失。作为领导者，我们通常只对那些可以控制的变量进行优先考虑、检查并尝试最大限度的利用。如果我们无法控制某件事，它就会从我们的关注中消失，成为背景的一部分。由此看来时间的流逝正是我们无法控制的。所以我们不会将时间作为优先考虑的领域。像这样的盲点对我们不利。

从科学的角度来看，我们对时间的集体认识还很稚嫩。当然，我们有广义相对论，它阐明了引力如何影响时空。正如一位科学作家所解释的那样：

> 将一个钟放在山顶，另一个放在沙滩。最终，你会看到两个时钟显示出不同的时间……因为，正如爱因斯坦在他的广义相对论中所假设的那样，像地球这样的大质量物体的引力会对它周围的空间和时间造成扭曲。

这种效应被称为“时间膨胀”。其影响大小不一（在地球上的影响极小），但它对我们如何理解时间的本质却有着巨大的影响。也许时间并不是像许多科幻小说或马蒂·麦克弗莱的冒险故事中所假设的线性时间的那般构造！随着我们对时间理解的不断加深，时间是线性的这一普遍观念开始受到质疑。

如果我们用普遍观念来看待时间——从原有叙事到一种新的叙事，从旧的结构到新的结构——作为一种社会观念，时间膨胀会是一个有用的文化框架。我建议将时间膨胀的解释扩展为：

时间膨胀是指人们在吸收来自不同历史和文化背景的新思想时，所需要的一段用来适应并理解新事物的时间。

这样一个扩展的定义可以帮我们认识到，人存在于不同的个人的、职业的和文化的时间线中，而一个人“应属于的时间线”说明了他是否愿意接受并接纳呈现在自己面前的叙事。一个新概念被适当地重新引入，这个概念或许可被称为“时间膨胀的准备”。

从科学角度来说，由于重力的影响，山顶上的时钟和海滩上的时钟显示的时间定然不同。但是，用相关的人文考量取代科学概念，可能有助于我们理解为什么我们对时间的体验会如此不同。我们会根据个人以前的经历（其历史及文化）、他们在历史长河的时间轴上所占据的位置（重心），以及他们走向或远离变化的意愿（另一种速度）而对一个单一的全球事件进行分别记录。

我们正考虑将这一框架应用于政治领域。我们不遗余力地调查公众和目标选民的情绪，试图预测选举或关键议题的立场（尽管我们似乎离成功越来越远）。但民意调查是一个滞后的指标，在解释人们为何选择自己的立场方面效用有限。我们对一个问题或事件的立场可能并不取决于“民主党”或“共和党”的地位，而是更多地取决于我们在相对个人时间轴上的位置。我们准备以什么速度遇到或吸收新思想？“时间膨胀准备”理论能否提供一种更复杂的分析，来分析促使人们在社会中做出改变的条件、背景和原因？

如果时间膨胀可以帮助我们预测人、社会、市场或机构什么时候准备好接受一个新想法，那会怎样？我们考虑将此框架应用于商业领域，特别是新产品、新服务的发布。商业决策通常是在没有战略情报或数据的情况下做出的，而这些数据及战略情报表明的正是公众、目标市场或特定用户是否准备好接受新产品或新服务。在商业环境中，说产品、服务或伟大的想法超前更合理，还是说顾客和客户落后于他们这个时代更准确？企业如何才能更好地与那些它们希望接受新价值的人的时间线保持一致？

今天，单一的“合理时间线”的概念已不复存在，存在着的是无数个人、政治和文化的时间线，且它们并不相同。正如著名科幻、赛博朋克作家韦德·吉布森（Wade Gibson）所说：

未来已来，只是尚未流行。

基于引力的作用，人们开始按照自己的时间线接受复杂的变化，这种引力要么减缓，要么加速人们对新叙事和新知识的获取。这个时间线通常视经济、文化和地理条件而定。

如果我们回顾历史，回顾那些走在时代前面的声音，我们可以看到亚伯拉罕·林肯（Abraham Lincoln）为变革所做的准备，他在1862年《解放黑人奴隶宣言》（*Emancipation Proclamation*）发布前一个月向国会发表的年度讲话就包含了以下言论：

> 那么，如果我提出的计划被采纳，战争时间将会缩短，从而减少金钱的损失和无谓的牺牲，这一点诸位怀疑吗？它将再塑国家权威、重现国家繁荣，并将二者无限期地延续下去，这一点诸位怀疑吗？我们就在这里——国会和行政部门——能够确保这一计划的通过，这一点诸位怀疑吗？善良的民众会不会对我们团结真诚的呼吁做出反应呢？难道我们，或者他们，还能有别的办法，能如此肯定、如此迅速地保证这些重要的目标得以实现吗？我们只有同心协力才能成功。这不是“谁能想象得更好？”，而是“我们能做得更好吗？”。适用于平静的过去的教条，已不适用于狂风暴雨的现在。前路困难重重，我们必须迎难而上。由于我们面对的是新问题，所以我们必须以新的方式思考、以新的方式行动。我们必须解放自己，然后才能拯救我们的国家。

那些拒绝信奉“平静的过去的教条”的人将永远走在时代的前面。

拥抱慢时间

我们怎样才能创造出一个空间，让人们在缓慢、闲暇的时间里做白日梦？如果懒惰不是敌人，而是我们最需要的朋友呢？

乔治亚·欧姬芙（Georgia O'Keeffe）最出名的是她的花卉画。欧姬芙完成了200多幅花卉画的杰作，这是她一生研究的成果。欧姬芙一生都在放慢脚步，看着这个渺小而脆弱的世界，然后对它进行重塑。她的画作《曼陀罗 / 白花一号》（*Jimson Weed/White Flower No.1*）以4440万美元的价格保持着历史上女性艺术家最昂贵画作的成交纪录。谈到画作的主题，欧姬芙睿智地评论道：

每个人都与花有很多联系……然而，从某种程度上说，没有人能真正地去观赏——花儿是如此之小，我们却没有时间，观赏需要时间，就像交朋友需要时间一样。

真正的友谊需要我们付出很多，需要长期的承诺、培养和关照。就像一段美好的友谊一样，时间也是我们必须优先考虑和保护的。但我们大多数人都没有和时间交上朋友。事实上，我们和时间已经变成了相虐的关系。

我们与时间的关系是由日常生活中繁杂的事务决定的，这些事务将我们的时间分割成越来越小的可消耗的部分。

我们把对时间的定义交给了经济词汇。我们问彼此:“过得好吗?”就好像时间是一本需要平衡收支的支票簿，又或是一种需要花掉的货币。我们把时间看作可以“管理”和“优化”的，而不是用来体味的。但是“时间管理”这个概念本身就是一个悖论。我们没有能力操控时间，是时间在管理我们。

颇具讽刺意味的是，即使我们把时间当作资产负债表上的一个项目，我们也没意识到它给我们的重要教训：在缓慢、安静的时间里的投资才会带来回报。这才是欧姬芙珍视的友谊。

当生产成为主导思想，这些交易的紧迫性将速度置于一切之上，由此做出轻率的短期决策，破坏了只有缓慢、深思熟虑、长期创造性的思维才能产生的战略性、适应性和成倍价值的创造。只有延长且不受干扰的时间才会让魔法发生。但是，生产经济这个无情的监工阻止我们展示与时间的友情所能带来的结果。我们需要打破这个循环。

有时候，我相信，资本主义是一件钝器，它更关心的是挥拍的动作，而不是瞄准的准确性。时间常常成为这种工具的牺牲品。

根据微软的研究人员 2015 年在加拿大进行的一项研究表明，普通人在 8 秒后就会失去注意力，比 2000 年的 12 秒有所下降。考虑到金鱼的记忆时长约为 9 秒，可以肯定地说，我们的专注力已经比不上金鱼了。研究人员的理论是，互联网对注意力持续时间的缩短负有不可推卸的责任。这份报告告诉我们:“重度多屏幕关注者发现很难过滤掉无关的刺激——他们更容易分心。”不断让我们分心的忙碌填满我们的时间，阻碍了我们进行深入思考，削弱了我们活在当下的决心，用转瞬即逝的感觉诱惑我们，其代价就是牺牲了更充实、更有意义的生活。

我们对慢时间的抗拒和对加速、狂热时间的沉迷正是源自资本主义的影响。“时间就是金钱”这句话源于本杰明·富兰克林（Benjamin Franklin）1748年的一篇文章，这篇文章旨在说明懒散所付出的金钱代价：

> 要记住，时间就是金钱。如果一个人劳动一天能挣十先令，但他外出闲逛或者半天无所事事，尽管他在消遣时只花了六便士，但不应该只把这六便士算作支出，因为实际上还浪费掉了更多金钱。

在资本主义叙事中，空闲的时间是一种消遣，相当于浪费金钱。但在本杰明·富兰克林发表上述宣言270多年后，即使他本人也会惊讶地发现，时间和金钱已如此紧密地纠缠在一起，这要归功于我们当代数字世界所构建的市场——利用我们的时间并将其货币化的市场。在《如何无所事事：反抗注意力经济》（*How to Do Nothing: Resisting the Attention Economy*）一书中，作者珍妮·奥德尔（Jenny Odell）为我们这个社会贡献了一个新词，让人们努力理解这种上瘾和对时间有意控制的丧失。她提议：

> 在这种情况下，每一个醒着的时刻都成为我们谋生的时间，当我们甚至把闲暇时间通过facebook和ins上的点赞来进行数字评估，不断查看其表现，就像查看股票一样，监控我们个人品牌的持续发展，时间变成了一种经济资源，我们不能再为“什么都不做”就花钱而找理由了。

奥德尔的书是在疫情前不到一年出版的，但随着整个世界的停摆，她关于放慢脚步、重新思考我们与时间的关系的智慧有了新的意义。疫情暴发两个月后，哈佛大学设计学院研究生院（Harvard Graduate School of Design）举行了首次虚拟毕业典礼，并邀请奥德尔担任演讲嘉宾。奥德尔在演讲中谈到了她与自己职业生涯时间线的关系：

> 我想回到“事业”这个词。作为动词，“to career”的意思是全速前进。它在词源上与“car”（汽车）一词有关。然而，根据我的经验，拦住很多在工作中感到满足的人不会这样看待自己的人生轨迹。我当然也不会。我所做的和我喜欢做的事情更像是一场开始又停止的散步，一场没有目的地的散步。我经常迷路或因为一些有趣的东西停下脚步。

奥德尔描述的曲折道路准确地反映了许多创意人士、企业家和知识工作者是如何经历当代生活和工作的非线性轨迹的。随着我们所处时代的压力急剧增长，选择一条通行速度较慢的道路可能会让人感觉有些反直觉。但越来越多的证据表明，奥德尔所说的闲散时间为突破性思维创造了理想的条件。斯坦福大学同情与利他主义研究与教育中心（Stanford University's Center for Compassion and Altruism Research and Education）的科学主管艾玛·塞帕拉（Emma Seppälä）写道：

> 我发现最具突破性的想法往往来自放松之时。历史表明，许多著名的发明家都是在走神的时候萌生了新奇的想法……简单地说，创造力发生在你的思想不集中、做白日梦或无所事事的时候……这个想法就是为了平衡线性思维（需要高度专注）和创造性思维（源

于闲散）。在这两种模式之间切换似乎是完成优秀的创造性工作的最佳方式。

我们该如何保护这些为做白日梦而设计的宝贵的闲散时间呢？我们需要缓慢的时间为好奇心的茁壮成长提供空间。我们需要新方法用宝贵的安静淹没无处不在的噪声。

神经学家丹尼尔·列维京（Daniel Levitin）在他的《有序》（*The Organized Mind*）一书中指出，环境噪声已经变得几乎不可避免。美国人现在接收的信息是25年前的5倍——列维京估计，我们每天在工作之外要处理大约10万个单词。

消除这种噪声可能是激发我们好奇心的最有力的因素。

想想看：在你醒着的时间里，你何时能身处一个没有噪声的环境？你是否曾经历过这样一段时间，不要求你注意，只要求你到场、倾听？你有多少次真正地与自己、与自己的想法、自己的思想在一起？你何时体验过这样一种安静，能最终让你听到之前错过的一切？

长久以来，安静的力量一直是艺术探索的主题。1952年，被称为激浪派运动（Fluxus Movement）创始人之一的概念艺术家约翰·凯奇（John Cage）将他后来称之为最重要的作品《4分33秒》搬上舞台。在这段表演中，一位钢琴家走上舞台，坐在钢琴前，在4分33秒的时间里没有发出任何声音。没有音乐，没弹出一个音符。在安静的环境中，人们听到的是通常被淹没的声音。风声、雨声、人们在座位上不安的移动声、灯光的嗡嗡声，最后是我们自己的想法发出的声音。《4分33秒》是一个邀请我们重新倾听的行为。

弗吉尼亚大学（University of Virginia）的社会心理学家蒂莫西·威尔逊（Timothy Wilson）2014年进行的一项实验揭示了人们对让自己保持安静会感到多不舒服。该实验邀请数百名社区成员参加“思考期"，在此期间，他们放下手机和其他物品，进入家具很少的房间。在一系列的练习之后，他们面临这样一个选择：可以一个人坐着，安安静静地思考 15 分钟，或者接受电击。令人惊讶的是，67% 的男性和 25% 的女性选择对自己施加电击，就是为了避免仅仅 15 分钟的沉默。

但事实证明，沉默可能就是我们需要的配音。

这正是一个由声学生态学家、声音追踪者、深度倾听者和录音音乐家组成的新领域。现在出现了一类新的拥护者，他们与慢时间交朋友。

正在开拓这一领域的重要人物包括：

- 波琳·奥利维罗斯（Pauline Oliveros）：手风琴演奏家，"深度倾听"练习的创始人。奥利维罗斯是一位开拓者，在 20 世纪 70 年代作为一名公开的同性恋女权主义音乐家开辟了新的领域。奥利维罗斯在舞台上表演到八十多岁。作为一名行为艺术家、教师和声音行动主义者，她的工作突破了倾听沉默的界限，使整个身体都能倾听。今天，在她的推动下，美国伦斯勒理工学院（Rensselaer Polytechnic Institute）成了深度倾听中心的所在地。她的睿智见解是："晚上散散步，轻轻地走，你的脚底都能变成耳朵。"
- 戈登·汉普顿（Gordon Hempton）：自称是"声音追踪者"，为了寻找地球上最后的原生态音景，他走遍了世界。汉普顿的动力源自这样一个问题："地球上还有什么地方没有受到噪声的污染？"他的多媒体纪录片项目包括《地球是太阳能自动点唱机》（*Earth Is a Solar Powered Jukebox*）和《海洋是鼓》（*The Ocean Is a Drum*）。也许他最雄心勃勃的项目是"一平方英寸[①]的寂静”——一个位于奥林匹克国家公园霍河雨林（Hoh Rain Forest）的独立研究项目。在这片100万英亩[②]的森林中，有一处被汉普顿认为是美国48个州中噪声污染最少的地方。在这个声音天堂里，没有不受欢迎的人为声响。

- 米里亚姆－罗斯·昂冈梅尔－鲍曼（Miriam-Rose Ungunmer-Baumann）博士：来自澳大利亚朗格库尔部落（Ngangikurungkurr）（这个名字的意思是“深水之声”）的土著长老。作为一名艺术家和教育家，她的工作重点是“dadirri”，她说这是澳大利亚原住民能给予我们的最好的礼物。Dadirri是一种内在的深度倾听和安静的、静止的意识。昂冈梅尔－鲍曼把它翻译成“沉思”。她把这描述为她的文化学习方式——不是通过提问，而是通过倾听和在沉默中感到的舒适。
- 吉米（Gibi ASMR）：油管（YouTube）主播、角色扮演者和Twitch游戏主播、自发性知觉经络反应（ASMR）最受欢迎的表演者之一。这种日益增长的现象可以被精准地描述为：听到日常生活中意想不到的普通声音，如撕纸声或亲密的窃窃私语声，所产生的刺痛感、微悦快感或动觉快感。有着西北大学（Northwestern University）戏剧、传媒和电影专业背景的吉米被《纽约时报》称为“触动人心的勒布朗·詹姆斯（Lebron James）”。“自发性知觉经络反应”在2019年“超级碗”（Super Bowl）期间就赢得了主流的人气，当时安海斯－布希公司（Anheuser-Busch）为其生产的米歇洛布超纯金啤酒（Michelob Ultra Pure Gold beer）播放了一则以“自发性知觉经络反应”为主题的广告，在广告中，佐伊·克拉维茨（Zoë Kravitz）使用了包括耳语和轻敲瓶子在内的“自发性知觉经络反应”技术。

① 1英寸≈0.0254米

② 1英亩≈4047平方米

这些实践是重新思考我们与时间的关系的更大的理论框架的一部分，旨在发掘倾听的力量，挑战一些人们普遍持有的信念，这些信念与我们最重要的工作得以开展的条件息息相关。当然，这是一个与我们密切相关的探寻，因为我们都在疫情催化的“大重置”中寻求新的生活、工作和繁荣的模式。

有各种各样的运动围绕“慢”的概念及其益处展开，从慢食运动到慢阅读，再到慢城市。连接它们的这条线就是对时间的保护，以实现多样化的价值结果。抓住时间，就像城市规划中出现的 15 分钟城市半径的想法那样，创造像街道之间安静的蓬勃的小巷这样的时刻，通过观察模式和连接模式做出更明智的选择。这些都是那些以声音为职业的人的技能。音乐家有可能成为将慢时间转化为真正价值的企业家。

正如伯克利音乐学院（Berklee College of Music）负责全球战略和创新的高级副总裁帕诺斯·帕奈（Panos Panay）和艾迪欧公司（IDEO）的合伙人兼全球设计总监迈克尔·亨德里克斯（R. Michael Hendrix）在二人的新书《领先两拍：音乐思维教给我们的创新》（*Two Beats Ahead: What Musical Minds Teach Us About Innovation*）中所提出的那样：

> 作为音乐家，我们相信这对我们作为企业家和商业领袖的工作有一些启发。音乐家之所以知道如何创造那些打破模式、填补空白、吸引我们注意力以及激发灵感的时刻，不仅是因为他们在键盘或麦克风上发挥的技能，还因为他们磨炼了倾听的能力……音乐家明白，倾听世界，从自身之外汲取想法和灵感，只是创新的第一部分。创新还需要你去倾听自己，寻找世界与自己的愿景和价值观之间的共鸣点。

倾听是商业的必要条件。直到最近，商界才开始真正将共情作为一种领导实践。但这个谜题的一个关键部分常常被忽视：共情需要好奇心。我们必须有足够的好奇心去关心别人，但我们也必须对自己拥有好奇心。为了真正了解自己，我们必须愿意倾听自己的声音。

在当今这个嘈杂的世界，我们很容易对各种各样的沉默充耳不闻，以至于我们甚至对自己的想法感到不舒服。但正如珍妮·奥德尔提醒我们的那样，这个复杂的时代需要在缓慢的寂静中孕育出思考的空间。她提出：

> 在集体层面，风险会更高。我们知道，我们生活在一个复杂的时代，需要复杂的思想和对话，而这反过来又需要相当多的时间和空间，但时间和空间已无处可寻。无线连接的便利巧妙地掩盖了面对面交谈的细微差别，在这个过程中省去了太多的信息和背景。在一个沟通受阻、时间就是金钱的无尽循环中，我们几乎没有时间可以溜走，也没有什么方法可以找到彼此。

与直觉相反，我们需要放慢速度才能加速。我们迫切地想要达成我们的个人目标和职业目标，但讽刺的是，我们可能需要走很长的路才能真正到达。我们选择的快速解决方案往往会导致错误、有缺陷的假设或错失机会——最终需要代价巨大的返工。倾听慢时间可以揭示新的音景，提供急需的清晰度，并揭示新的途径，最终以更少的资源和更短的时间实现我们的目标。

在当今这个高度互联的世界，我们需要与自己进行更多的深思熟虑的对话，就像我们需要与他人进行亲密的对话一样。我们需要安静的独处，为更深刻、更好奇的思考腾出空间：在这样的空间里，闲散和缓慢的时间不是我们的敌人，而是我们最需要的朋友。

非洲未来主义时代：2036 年的女总统

如何将历史事件视为未来的可能？如何向更美好未来迈进？艺术家和富有创意的世界缔造者，是独一无二的未来的原型吗？现在的时刻之所以成为可能，只是因为他们中的一些人挑战了遗产叙事吗？

那是 2008 年，民主党全国代表大会期间。我在科罗拉多州丹佛市埃莉·考尔金斯歌剧院（Ellie Caulkins Opera House）的后台，等待着由实验作曲家、多媒体艺术家兼音乐家的保罗·米勒（DJ Spooky）策划的全新大型演出《泰拉诺瓦》（*Terra Nova*）的开始。但《泰拉诺瓦》不是一部普通的歌剧。相反，这是一场多媒体表演，灵感来自保罗·米勒在南极洲的实地考察，这场演出将冰川错位、融化、移动和破碎的图像及声音重新混合在一起：一场表现气候变化意识的交响乐。这场演出是我为民主党全国代表大会创立、策划和制作的一个全市节日的一部分，节日取名为“对话：城市”。

完成“对话：城市”演出的八套设备是委托约翰·希肯卢珀（John Hickenlooper）制作的，希肯卢珀是一位地质学家，后来成为自酿酒馆的老板 / 企业家，再后来当了丹佛市的市长。他对这次活动的设想来源于一个关键问题：丹佛市将主办一场历史性的对话。这一刻是一个里程碑，诞生了美国主要政党的第一位非裔美国候选人。考虑到奥巴马“希望运动”所代表的一切，我们该如何让市民参与到这一具有里程碑意义的公民对话中来呢?

通常情况下，普通公民不能参加真正的政治大会；这是保留给各州官方代表的特权。但在丹佛市，民主属于每个人。“对话：城市”为公民对话创造了另一种空间，让对话遍布城市的每个社区：这是一个乌托邦式的实验，为奥巴马的竞选服务。将未来拉进现在。

《泰拉诺瓦》让我们看到了我们这个病中星球悲惨的未来，即气候变化意识的感官论证。这是一种时间的合成，存在于现在，同时通过过去的镜头预测未来。这样的时刻罕见而特殊，为我们打开了一扇通往未来的窗户，让我们看到未来的可能。每隔一段时间，我们就能看到未来的原型。我将这些经历称为“现在的未来”。

通常是艺术家、设计师、音乐家和诗人照亮了现在的未来。正如英国作家、艺术家温德姆·刘易斯（Wyndham Lewis）所说的：

艺术家总是致力于书写未来的详细历史，因为他是唯一知道现在本质的人。

“现在的未来”在非洲未来主义中尤为突出，非洲未来主义是一种文化美学、哲学及社会运动，旨在评估过去，为当代黑人创造实现更好未来的条件。加州奥克兰博物馆（Oakland Museum of California）“母舰：非洲未来主义之旅”（Mothership: Voyage into Afrofuturism）的特约策展人艾森斯·哈登（Essence Harden）对此这样评价：

非洲未来主义试图瓦解时间，让过去和未来尽可能地与现在产生关联。

“非洲未来主义”一词由文化评论家马克·德里（Mark Dery）提出，但其最早的起源可追溯至威廉姆·尤因·杜波依斯（W. E. B. Du Bois），他在短篇小说《彗星》（*The Comet*）中奠定了非洲未来主义思想流派的基础。在《连线》（*Wired*）杂志上发表的一篇颇具影响力的文章《非洲未来主义如何帮助世界修复》（*How Afrofuturism Can Help the World Mend*）中，布兰登·奥格布努（C. Brandon Ogbunu）问道：

为什么我们要关心非洲未来主义者说了什么呢？为什么我们会怀疑他们的答案不同于一个普通的未来主义者？这是因为黑人的经历是由一场为生存权而进行的历史斗争所定义的，在追求（政治、社会、经济）平等的过程中，为生存的权利、为被当作一个真真正正的人的权利、为获得基本权利而斗争。正因如此，非洲未来主义者可以看到存在于现状盲点中的现在和未来的部分……未来学家会问明天的悬浮滑板和飞行汽车是用什么做的。非洲未来主义者则会问建造它们的是谁。

富于创造力的人生活在同时跨越现在和未来的钢索上。

创意人员从事的工作是创造。创造行为本身就是一种穿越时间的活动。它需要一个艺术家穿越到未来，并通过逆向思维实现艺术创造。“预测未来的最好方法就是创造未来”这句话表达的就是这一观点。

一些未来原型设计的最佳实验室是那些艺术家崭露头角的剧场：博物馆、音乐厅、节日场合和公共空间。“对话：城市”就是将社区、卡拉 OK 店、街巷、空荡荡的店面和人行道变成了对话的场所。这也是我当初前往丹佛的原因。为的就是帮这座城市建立一个当代艺术博物馆，为艺术家提供一个更大的舞台来实验“现在的未来”。

博物馆是构建世界的平台，是“现在的未来”的游乐场。它们将历史和未来的承诺作为文化文物，激发了参观者的想象力。这就是为什么设计博物馆空间的博物馆建筑师变得日益重要的部分原因。从历史上看，选择博物馆建筑师的过程与选举总统的过程并没有什么不同。博物馆会提名一系列候选人，这些候选人要争取赢得董事会成员和捐赠者的多数选票。丹佛当代艺术博物馆（Museum of Contemporary Art，MCA）颠覆了这一传统，使这个过程变得非常公开、民主且由社会主导。正如《纽约时报》在一篇名为《一座博物馆崛起了，但不是以常见的方式》（*A Museum Rises, but Not the Usual Way*）的文章中描述的那样：

> 但是，她并没有拘谨于通常的协议——要求建筑师们在闭门会议中进行展示。佩顿女士（Payton）公开了这一过程，要求每位建筑师向社区居民发表演讲……建筑师们要接受另外两个选拔委员会的询问，一个是由丹佛科罗拉多大学的建筑系学生组成，另一个是来自公立学校 P.S.1 的高中生代表。

通过这个独特的选拔过程选出的建筑师是一位加纳外交官的儿子大卫·阿贾耶（David Adjaye）。阿贾耶出生于坦桑尼亚，曾在埃及、也门和黎巴嫩生活过，后来搬到了英国，他的公司现在就在英国。阿贾耶的作品反映的就是这种全球思维。阿贾耶设计的博物馆没有前门（象征着对公众开放的姿态），它获得了能源与环境设计领导力（LEED）金牌认证（使其成为美国第一家获得 LEED 认证的当代艺术博物馆，也是可持续发展的先驱），博物馆的屋顶是为社区集会而设计的，很快就成了周五晚上市民聚会的场所。丹佛市进行了一项非洲未来主义的建筑实验，它不仅成功了，而且人气飙升。选择一位新晋的非洲籍建筑师来主导一项非洲未来主义建筑实验，我和我的妻子被说服了，我们从美国的另一端搬到了这儿，这样一来，我就好接受博物馆的邀请，出任副馆长。

阿德里安娜·玛丽·布朗（Adrienne Maree Brown）

可海恩德·维里（Kehinde Wiley）

阿瑟·贾法（Arthur Jafa）

奥奎·恩维佐（Okwui Enwezor）

瑞安侬·吉登斯（Rhiannon Giddens）

威廉姆·尤因·杜波依斯（W. E. B. Du Bois）

加奈尔·梦奈（Janelle Monáe）

西斯特·盖茨（Theaster Gates）

金柏莉·德鲁（Kimberly Drew）

压缩过去、现在和未来的当代创意新流派正在重新诠释非洲未来主义

丹佛现代艺术博物馆（MCA Denver）的首次展览由执行董事西德尼·佩顿（Cydney Payton）策划，名为“明星魅力：带电的肉体博物馆”。此次展览是对沃尔特·惠特曼（Walt Whitman）《草叶集》（*Leaves of Grass*）中《我歌颂带电的肉体》（*I Sing the Body Electric*）一诗的一封告白信，参展的艺术家有墨西哥动画设计师卡洛斯·阿莫拉莱斯（Carlos Amorales）、毛利传统雕刻家兰吉·基帕（Rangi

Kipa）、英国画家克里斯·奥菲利（Chris Ofili）和加拿大装置艺术家大卫·阿尔特梅德（David Altmejd）。

在这些各具特色的艺术家中，肯尼亚艺术家瓦格希·姆图（Wangechi Mutu）脱颖而出。她的作品一直使用拼贴画和混合媒体，将借鉴不同文化传统的物品缝合在一起，但又植根于非洲的身份和叙事。在这幅时间跨度为30年的令人叹为观止的作品中，她创造了一种挑战殖民主义、种族主义和性别歧视世界观的语言。正如麦克阿瑟"天才奖"（MacArthur "genius grant"）获得者、哈佛大学杜波依斯奖章（Harvard University W. E. B. Du Bois Medal）获得者、姆图的朋友、艺术家卡丽·梅·威姆斯（Carrie Mae Weems）对姆图作品的描述：

> 她为自己生动的、不断扩展的艺术领域创造了全新的神话，发明了不同凡响的宇宙生物，这些生物可能是诱人的、可怕的、神秘的、得意扬扬的、无所不能的，仿佛将民间传说与科幻的半机械人幻想结合在了一起。姆图经常与非洲未来主义联系在一起。非洲未来主义是一种文化运动，它用先进的技术将流落海外的黑人的图像学和历史结合起来，以唤起不同的未来，并鼓励意识的觉醒。

从纺织品的图案、流行的时尚和历史的参照中，她建立了新的平行世界。像瓦格希·姆图和大卫·阿尔特梅德这样的声音属于一个数十年的解构遗产叙事、创造新空间的过程，在这个新空间中全新的、多姿多彩的声音可以获得蓬勃的发展。他们的愿景是一个更具包容性的未来，这未来由在他们前方铺平道路的挑战者实现。尼日利亚艺术史学家、策展人奥库伊·恩韦佐（Okwui Enwezor）在推动这些新兴艺术叙事方面做得最多，他的一系列项目就包括在自己布鲁克林的公寓里创办《Nka：当代非洲艺术杂志》（*Nka：Journal of Contemporary African Art*）（“Nka”是伊博语，意思是“制作、创造”；在巴萨语中它的意思是“话语”）；恩韦佐成为“德国文献展”（Documenta in Germany）的第一位非欧洲裔艺术总监，“德国文献展”是世界上最大的艺术活动之一；恩韦佐还为国际摄影中心策划了《种族隔离的兴衰：摄影与日常生活的官僚主义》（*The Rise and Fall of Apartheid: Photography and the Bureaucracy of Everyday Life*）展览；并成为威尼斯双年展120年历史上第一位非洲裔策展人。恩韦佐将双年展命名为“所有世界的未来”（All World's Futures），设想了在我们当下之外的一个时代的新的生活方式。颁奖典礼在由建筑师大卫·阿贾耶设计的圆形剧场举行。

恩韦佐的遗产是为人类创造一个更美好的世界而解决殖民历史问题和揭露不可见的声音，这恰恰反映了大卫·阿贾耶自己已经开始遵循的实践的原则。这二位都是时间的建筑师，一位是构建世界剧院的建筑师，一位是建造公民话语空间的建筑师。

作为美国非洲裔历史文化国家博物馆（National Museum of African American History and Culture）的建筑师，阿贾耶将他对“现在的未来”的承诺提升到了一个新的水平。这座博物馆位于我们国家首都中心的国家广场上，它的存在提醒我们破碎的国家叙事需要修补。2016年，奥巴马总统在博物馆开幕式上发表讲话时，同样引用了沃尔特·惠特曼的话，惠特曼曾为丹佛现代艺术博物馆的开馆首展“明星魅力：带电的肉体博物馆”提供了灵感。随着非裔美国人故事的苦难和痛苦毫无悬念地出现在开幕式的背景中，奥巴马这样安慰我们：

沃尔特·惠特曼告诉我们，我们是一个由许许多多的人构成的庞大群体。我们是一个充满了矛盾的庞大群体。这就是美国。这就是我们前进的动力。这就是我们的与众不同之处。

非洲未来主义者是乐观主义者，他们拒绝让过去的暴行摧毁对未来的信心。在非洲未来主义者的杰出代表看来，梦想不是幻想，而是一种行动主义。奥巴马对国会议员约翰·刘易斯（John Lewis）表示了感谢，这位民权偶像花了15年的时间终于使博物馆由梦想变为现实。在当天的演讲中，刘易斯发表了宣言：

曾经有人说这不可能发生，他们说“你们做不到”，但我们做到了……矗立在这儿的不仅是一栋建筑，它是一个成真了的梦想。

这就是为什么博物馆是构建世界的舞台。博物馆帮助我们进行时间旅行。它们邀请我们超越当下的限制，怀着对未来的希望来研究我们的过去。

2018年，我临时起意组织我的团队从罗得岛州到华盛顿特区进行了一次实地考察，参观了美国非洲裔历史文化国家博物馆。那是我第一次去这家博物馆。我被它震撼到了。

阿贾耶的设计中最杰出的一点是，对游客体验的设计让你有时间思考时间的崩塌，有时间卸下刚被你压缩成几小时的长达几个世纪的遗产叙事的重量，有时间承认自己有责任塑造这个国家未来的叙事。博物馆墙上刻着山姆·库克（Sam Cooke）的歌词——变革即将到来。

这座博物馆的建筑本身遵循了非洲未来主义的传统，即过去、现在和未来的崩塌。正如大卫·阿贾耶所描述的：

我把这座建筑分为三部分。历史画廊在地下一层，形似一个地穴。第二部分展现的是移民从南方来到城市中心，此时也开始出现阶层。我希望从地穴到博物馆上层的旅程能像历史的进程一样，是一种向光而行的迁徙过程。然后上到顶层，我称这一层为“现在”，展示的是艺术。所以，博物馆的这种三层结构与日冕的三层结构有关，就是为了揭示博物馆的建筑形式和内容之间的联系。

博物馆的三层式结构容纳了非裔美国人叙事的三层次：历史，迁徙，现在。

那“现在”又是什么？

现在是 2021 年 1 月 20 日，就是在这个国家广场上，奥巴马总统曾在美国非洲裔历史文化国家博物馆的开幕式上传达了积极的信息。现在又到了接力棒交接的时候，又一个过渡期开启，从特朗普总统到拜登总统的权力交接。就在国会大厦发生暴力叛乱和袭击的几周后，遗产叙事和新兴叙事之间的摩擦就已非常明显。空气凝重，兴奋被清醒的认识所抑制，这一天好像从未到来过。

当然，这一天确实来了。民主确实取得了胜利。新领导人的声音也确实出现了。但这并不是我们期待的人。22 岁的阿曼达・戈尔曼（Amanda Gorman）当天以一首基于 14 天前暴乱事件的诗作让整个国家为之倾倒。当她站在台上眺望国家广场时，她抑扬顿挫的语调、肢体语言和激动人心的演讲令人群着迷。她正是美国所需要的。我十分肯定，她也正是我所需要的。

为了治愈我们，戈尔曼击败了时间。她面对着我们无法逃避的过去，想象着我们只能共同创造的未来。她继承了这些历史，但戈尔曼也是“现在的未来”。她提醒我们：

我们是这个国家和这个时代的继承者，在这个时代，一个骨瘦如柴的黑人女孩本是奴隶的后代，由单亲母亲抚养长大，她梦想成为总统，结果却发现自己在为总统朗诵。

原来阿曼达·戈尔曼从11岁起就梦想成为美国总统。她甚至为自己定了一个日期：2036年。在接受《华尔街日报》采访时（那篇文章的标题是《为什么诗人阿曼达·戈尔曼想当总统？》（*Why Poet Amanda Gorman Wants to Be President*））戈尔曼这样说：

我觉得，为了使不可能的事更有可能实现，你必须把它看作触手可及的目标。

戈尔曼的梦想会实现吗？只有时间才知道。但我可以肯定的是：当阿曼达·戈尔曼准备竞选总统时，我会加入她的阵营。她是现在的未来。

青春

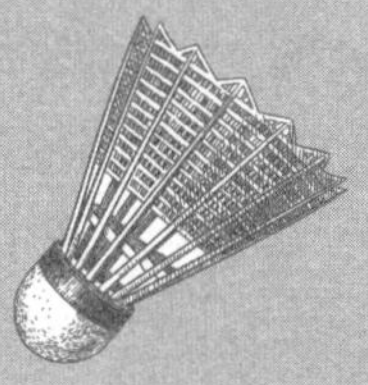

让好奇心唤醒我们的感官，让我们不再麻木，致力于活在当下，勇敢地面对自己，真诚地拥抱彼此，接收生活传递给我们的所有信息，发现并珍视隐藏在日常点滴中的幸福感。

创新是敬畏的实践

创新是为了什么？在我们对闪闪发亮的新事物的渴望中，我们是否忘记了新想法的奇妙之处？我们如何孵化出真正令人敬畏的新思想？我们该如何评估创新？创新和敬畏之间到底是什么关系？

今天的创新被高估了，被误解了，而且服务于错误的结果。在当代商业领域，我们一直将创新定义为获得经济利益的工具。有许多类型的增长——个人的、智力的——都值得创新，而为什么创新会与经济增长如此紧密地联系在一起？创新已经成为财务会计的语言，而不是进步的语言。想象一下，如果一家公司的首席执行官宣布，“今年我们将实现两位数的增长”——这个指标指的是员工在一年中所经历的知识、幸福感或意义的增长。想象一下，如果美国总统在当选时承诺实现“一个美国前所未见的增长时代”——这种增长指的是全体公民公平、文化和集体关怀的提升，并不是国内生产总值（GDP）的增加。

从历史上看，创新意味着创造新想法——但在如今这个时代，似乎唯一重要的新想法就是金钱。我们把这个等式倒过来，金钱应该是极具价值的想法的副产品，而绝不是想法本身。当创意与文化相关时，它们就会受到市场的重视。因此，利润是受到社会文化重视的思想的产物。这种本末倒置——将金钱而不是思想作为主要目标——正在使我们的思想无能为力。

颇具讽刺意味的是，思想的金融化正在阻止我们生产有价值的新思想所需要的东西。具有弹性、变革性和目的性价值的想法来自人们思维方式的改变。如果我们想要宏伟而大胆的想法，我们就需要重新设计我们的思想，而不是设计新产品。未来的工作不是机械的、技术的或以生产为基础的。真正的创新要求我们提出最根本的、充满好奇心的问题，从而获得更深刻的见解，而不是赢得更大的利润。改变的不是我们使用的工具，而是我们使用工具的目的。

这样的任务并不容易达成。它需要的是一些意想不到的东西，它需要的是敬畏。

心理学家达切尔·凯尔特纳（Dacher Keltner）和乔纳森·海特（Jonathan Haidt）提出了一种概念性的方法，根据两种现象来定义敬畏的体验：感知到浩瀚；违背了我们对世界的理解。这些概念在萨默·艾伦（Summer Allen）的白皮书《敬畏的科学》（*The Science of Awe*）中得到了提炼，书中解释道：

> "感知到的浩瀚"可以来自对实实在在的体量巨大的物体的观察，比如科罗拉多大峡谷，或者来自一种更理论化的对浩瀚的感知，比如与一位极具声望的人会面，或者提出像"相对论"这样的复杂想法。当一种体验违背了我们对世界的正常理解时，它就会唤起我们的"调解需求"。当一种刺激在某种程度上超出了我们的预期，它就会激发我们试图改变用以理解世界的心理结构。调解……指的是心理学家让·皮亚杰（Jean Piaget）"调整无法吸收新体验的心理结构的过程"。换句话说，你对世界的认知需要转变或拓展，以便理解这种新的体验。

敬畏的体验改变或拓展了我们对世界的看法。为了描述这种敬畏的体验，我们常说："简直令人惊叹。"我们惊呆了，因为一次令人敬畏的体验打破了之前的世界观。然后我们的大脑就能适应一种全新的、重组的世界观。

敬畏促使操作系统升级，但绝非流于表面。敬畏可以借挑战我们自认为确信无疑的方式来把我们的思想耍得团团转。结果，我们笃信的"真相"不再确定，我们的核心信念也不再稳固。地球是宇宙的中心，还是太阳是宇宙的中心？只有一个神，还是有多个神，或者根本就没有神？人类与自然界的关系是怎样的？敬畏会让我们对大事产生怀疑。

我们需要更坦然地面对这类质疑。我们要满足于将知识看作一种活动，而不是一个静态的客体，知识是一种持续的探究，在这种探究的过程中，思想的爆发会持续出现。最有价值的探索总是难以捉摸。它们带来的不是答案，而是新的问题，是更好的问题，直到我们足够深入地看到探究的过程本身就是令人敬畏的。魔力就产生于此，产生于已知和未知之间的空间。这就是敬畏产生巨大可能性的地方。

海伦·德·克鲁兹（Helen De Cruz）在她的文章"敬畏的必要性"（The Necessity of Awe）中谈到了已知与未知之间的桥梁。在书中，她描述了人类在创新方面的艰辛历程，即放弃一种叙事，收获一种新叙事：

当一种科学范式崩塌时，科学家需要向未知领域跃迁。正如托马斯·库恩（Thomas Kuhn）在20世纪60年代指出的那样，这些都是革命性的时刻，此时科学家的世界观变得站不住脚，某一特定学科公认的真理从根本上受到怀疑。人们发现自己钟爱的理论竟如此脆弱，不堪一击。数百年来一直成立的解释如今被彻底推翻。这种特定且富有成效的看待世界的方式在本质上是错误的。伟大的科学革命——比如由哥白尼（Copernicus）、伽利略（Galileo）、牛顿（Newton）、拉瓦锡（Lavoisier）、爱因斯坦（Einstein）和韦格纳（Wegener）发起的革命——往往发生在充满不确定性的时代。在那些时代，冷静、公正的理性本身并不能帮助科学家前进，因为他们关于科学学科如何建立的许多常规性假设最终被证明是有缺陷的。所以，科学家们需要飞跃，就算不知道他们会落在何处……要想改变这个领域或接受这个领域的根本变化，你需要改变自己对世界的看法。敬畏可以做到这一点。敬畏将你的注意力从自己身上转移开，让你跳出自己通常的思维模式去思考。

这很好地说明了打破遗产叙事的困难。德·克鲁兹向我们提出挑战，让我们审视在创新时对自己提出的要求：接受这样一种可能性，即我们所钟爱的理论脆弱得不堪一击，几个世纪以来对世界的看法必须被彻底推翻。当创新意味着打破和重建思维模式时，会产生深刻而可怕的影响。

玛格丽特·惠特利（Margaret J. Wheatley）在《转变：简单对话修复未来的希望》（*Turning to Another: Simple Conversations to Restore to Future*）一书中，要求我们考虑自己是否愿意接受挑战，是否愿意冒险承认我们的个人真理脆弱得不堪一击。她提出：

当我们共同努力恢复对未来的希望时，我们需要一个与众不同的新盟友——被打扰的意愿。愿意让自己的信念和想法受到他人想法的挑战。没有一个人，也没有哪一个观点能为我们今天的问题提供答案。自相矛盾的是，我们只有承认自己不知道，才能找到这些问题的答案。我们必须愿意放弃我们的确定性，并期待自己在一段时间内感到困惑。

我们生活在一个令人困惑的时代，创新的意义已变得不那么深刻。当我们不知道的东西太多时，我们便不愿意在未知上花更多的时间，这就给我们留下了一种我们可能尚未意识到的创新。

在这个过程中，我们用对新事物的渴望取代了对激进新思想的敬畏。生产经济喜欢闪闪发亮的新事物。这也许可以解释为什么“创新”这个时髦词儿也许是近年来被滥用、被误解得最多且最无意义的术语，“创新”已经成为任何新概念的代名词。早在2013年，《连线》杂志就宣称：

就像美国小姐的参赛者希望世界和平一样，“创新”一词已成为高管、政治家和教育工作者对“我们怎样才能成功”这个问题的预设答案。……为了在这个不断变化的世界中保持竞争力，我们一直强调提出能增加价值的新想法、生产新产品、提供新服务。我们把这种解决方案称为“创新”。……要成为真正的创新人才，你需要具备批判性、概念性、创造性、反思性和前瞻性的思维能力，以及好奇心、适应力、协作能力等行为特性，还要发展出一定的观察及沟通技能。虽然以上列的这几项可以修改，但关键是创新大多被用作口号，没有实质内容，而创新应该被视为一个过程。

如果我们回顾历史，就会发现一些重要的线索，这些线索可以解释为什么“创新”一词会以这样的方式演变。加拿大历史学家贝诺·戈丁（Benoît Godin）研究了“创新”作为实践、理论的基本起源。戈丁最重要的著作之一《创新之争：几个世纪以来的创新观念》

（*Innovation Contested: The Idea of Innovation over the Centuries*）为我们提供了翔实的历史考察：

> 在16、17世纪欧洲尤为根深蒂固的宗教氛围中，教义创新是令人憎恶的。有些人认为这种新事物与清教主义有关，更糟糕的是，可能与教皇主义脱不了干系。1636年就出了这样一个极端的例子，英国清教徒、前王室官员亨利·伯顿（Henry Burton）开始印制一批小册子，鼓吹教会官员是革新者，并以《箴言》（*Proverbs*）第24章第21句为武器："我儿，你要敬畏耶和华与君王。不要与反复无常的人结交。"结果，这位引发争议的清教徒被指控为真正的"革新者"，被判终身监禁，更惨的是——为此割去双耳。

亨利·伯顿对《箴言》第24章第21句的引用特别耐人寻味。最后那句"不要与反复无常之人结交"被重新解释为"不要与反叛者交往"或"不要和革命者搅在一起"，这表明在他看来革新者与异教徒同义。究其原因，可能是因为革新者摧毁了几个世纪以来都未曾遭质疑的信仰。

对新鲜事物的恐惧是与生俱来的。当我们像婴儿一样迈出第一步时，我们会忐忑不安地摸索前进的道路，就好像地板会塌陷一样，这些都是我们的本能反应。作为成年人，新事物和不确定性会让我们产生这样的感觉：就好像我们正站在悬崖边上。确定性和不确定性的二分法同我们有着如此强烈的情感联系。确定性使我们感到安全。不确定性让我们觉得心都要从嗓子眼蹦出来。尽管如此，考虑到不确定性是人类境况的一部分，你可能会认为我们更善于驾驭新鲜事物。

敬畏会为我们导航。敬畏培养了适合穿越未知的谦逊和好奇。在《敬畏的科学》一书中，萨默·艾伦写道：

研究发现，敬畏会削弱自我意识，让人们觉得自己有更多的时间，还会增强联系感，增加批判性思维和怀疑主义，增加积极情绪，减少物质主义。研究表明，敬畏会削弱一个人的自我意识，将他们的注意力从自己的担忧中转移开。因此，与敬畏相关、研究最多的心理效应可能是“渺小的自我”——相对于周围环境的渺小感。

满是敬畏的生活似乎很健康。当我们寻求敬畏的体验时，我们欢迎奇迹进入我们的生活。因此，真正的革新者通常被认为和空想家一样不切实际、轻率愚蠢，这并不奇怪。敬畏和奇迹是创新实验室、初创企业孵化器、设计工作室和其他创造性工作出现的地方的通用货币。这些地方存在的目的是为了孕育思想。伟大且大胆的想法不会轻易在电子表格中体现出来。正如《快公司》（*Fast Company*）杂志所描述的，“如果威利·旺卡[①] 有微芯片，他的工厂就是麻省理工学院的媒体实验室了，以创造我们这个时代一些最不可思议的奇迹而闻名——从你用悬浮球控制的电脑到蚕丝编织的建筑。”

那些伟大且大胆的想法需要耐心和想象力，因为它们是敬畏和非凡可能性的罕见交叉点。各组织机构渴望在创新的中心利用这种力量，在此过程中书写美国故事。看看以下这些机构：贝尔实验室（1925 年诞生于美国电话电报公司）、施乐帕洛阿尔托研究中心（Xerox PARC，1970 年成立）、麻省理工学院媒体实验室（MIT Media Lab，1985 年由尼古拉斯·尼葛洛庞帝（Nicholas Negroponte）建立）和 Y Combinator（成立于 2005 年，扶持创建了 2000 多家公司，总估值超过 3000 亿美元）。

① 威利·旺卡（Willy Wonka）：一位虚构的巧克力工厂厂主，出自罗尔德·达尔的小说《查理和巧克力工厂》。——译者注

乔恩·格特纳（Jon Gertner）所写的《贝尔实验室与美国革新大时代》（*The Idea Factory: Bell Labs and the Great Age of American Innovation*）就记录了这段历史。沃尔特·艾萨克森（Walter Isaacson）在为《纽约时报》撰写的书评中写道：

> 《贝尔实验室与美国革新大时代》探讨了我们这个时代最关键的问题之一：怎样才能创新？创新因何而产生，我们又该如何培养创新能力？贝尔实验室的教训是，大多数持续创新的壮举不可能也不会发生在一个标志性的车库或一个天才发明家的工作室里。当具有不同才能、不同思维模式和不同专业知识的人聚在一起时，才会出现创新，而且最好是在可以经常碰面或偶然相遇这种近距离接触的情况下。

在贝尔实验室成立近一个世纪后的今天，一切都变了，但好像又没改变什么。通过虚拟互动，我们可以在任何地方生活、学习和工作。虽然感到不安，但我们已习惯了现今的社交距离。然而沃尔特·艾萨克森从《贝尔实验室与美国革新大时代》中得出的总结是，场所本身——各式各样才华横溢的人为了一个目标聚集在一起的地方——可以成为令人敬畏的剧院。最重要的是，这些思想的孵化器成了社会现象。

达瓦·纽曼（Dava Newman）将这种敬畏带回了被称为“奇迹剧院”的麻省理工学院媒体实验室，她于2020年底成为该实验室的负责人。纽曼为这个著名的创新中心带来了社会及市民的优势：重启操作系统，使其在不断变化的世界中保持相关性。麻省理工学院建筑与规划学院院长哈希姆·萨尔基斯（Hashim Sarkis）在宣布对纽曼任命的公开信中称，她是“一个召集人、一个沟通者、一个未来主义者、一个人文主义者，更重要的是，她是一个乐观主义者”。纽曼是奥巴马任总统时期美国航空航天局（NASA）的副局长，她正在用简单的“3P法”重新构建实验室的未来：

人（People）：我们整个社会就是魔法，全社会的人都是天才。每个人都有自己的闪光点，都有我们可以学习的独特之处。

对等（Parity）：我们可以关注所有令人称奇之事。但在我们正在发明的这些技术和体验中，哪些会对社会产生最大的影响？

玩耍（Play）：这个世界很有趣。这是肯定的。在冒冒险、试试这个、试试那个时，玩耍能激发出我们最好的一面。这可不是线性思维。你必须给自己时间去思考和创造。

麻省理工学院媒体实验室可以像魔术那样变出好奇的工程专业的书呆子在车库里摆弄机械电路的画面。只要它是一个由公平、参与和冒险推动的场所，一个让人们“走出自己的舒适区，共同想象一个更美好、更大胆的未来”的地方。

在充满不确定性的时代，我相信像达瓦·纽曼这样的魔术师会引领我们前行。是时候进入一个新的领导时代了，一个以敬畏为基础的领导时代。

我们需要更多像阿斯特罗·泰勒（Astro Teller）这样有着激进好奇心的领导者，他是Alphabet公司（谷歌母公司）登月计划部X的联合创始人，他明白我们需要思考的是问题，而不是答案。在2020年的毕业典礼演讲中，泰勒建议年轻的毕业生：

一方面，这是一个令人望而生畏的时期。另一方面，我们碰上了百年一遇的时机，我们可以对世界按下重置键，放弃传统的思维

知识生产的原创基地

BASE FOR
ORIGINAL CREATIVE CONTENT

方式，以更美好的方式重建这个世界。这种观点的转变可能会让人感到艰难，甚至为时过早。然而，另一种选择——试图将社会拉回在许多方面都已不再奏效的旧常态——则会更糟。与我们的直觉相反，那些在我们的领域中越来越年轻的人，比如 2020 届毕业生，在寻找解决世界上最紧迫问题的新方法时，可能会迎来最有利的时机。多年来，我们在 X 多次看到，战略上的天真实际上是一种超能力。

创新不再意味着更多的送餐应用程序或更多压根儿没人需要的花里胡哨的新装备。我们再也不能将这一代人最伟大的思想浪费在说服人们去“点赞”上。为了应对世界上最亟待解决的问题，我们需要重新定义创新。我会全力以赴，你呢?

愿我们永远不长大

作为成年人，我们能从年轻人身上学到什么特别的品质？我们如何改变观念，不再将青年视为发展的早期阶段，而是一个持续终生与世界互动的过程？

小时候，我最想让祖母珀尔送给我的节日礼物就是迪士尼动画电影的录像带。《白雪公主和七个小矮人》《木偶奇遇记》《幻想曲》《小鹿斑比》，还有我最爱看的《小飞侠》。这些影片令人着迷。它们向我发出了探索和创造新世界的邀请。

这些电影让我在八岁时就爱上了绘画。我会花好几个小时研究动画人物，然后把他们画在速写本上。学着去看，学着画草图，练习对形状、空间动态和图形模块进行分解，将绘画作为构建世界的创造性语言。在乡村宁静的童年，绘画是一种流浪的方式，一种思考的方式，也是一种想象的方式，还是一种旅行的方式，待在原地便可周游世界。

绘画成了一种仪式。就像呼吸和骑车一样，绘画成了能让我集中注意力的身体节奏。我现在认为绘画是我心理健康的主要来源。与之相关的日常生活，哪怕是 2 号铅笔的气味，都是一种熟悉的安慰，对我来说，这诠释了玛雅·安杰洛（Maya Angelou）关于孩子与家之间关系的观点：

家是那片年轻的区域，孩子是唯一真正生活在那里的居民。父母、兄弟姐妹，还有邻居都是神秘的幽灵，他们来来去去，在孩子身上，在该地区唯一被赋予权利的居民——孩子身边做着匪夷所思的事。

20年后，我发现自己来到了迪士尼创意工程部，这是迪士尼负责主题公园和景点设计的研发部门。传奇设计师、设计思维的先驱布鲁斯·茅（Bruce Mau）和我被邀请与时任迪士尼创意工程部首席创意官布鲁斯·韦恩（Bruce Vaughn）一起参加一个战略研讨会，讨论“实验原型未来社区”（EPCOT）的未来。这次会面由巴尔布·格罗思（Barb Groth）策划，格罗思是一位杰出的体验创造者，他找到了将两位布鲁斯的观点合二为一的方法。大约一年前，我加入了布鲁斯·茅的公司，担任“大变革”项目的负责人。鉴于茅在业内的声望——他曾与弗兰克·盖里（Frank Gehry）、可口可乐和纽约现代艺术博物馆（MoMA）有过合作——我们经常收到特别邀请，去设计那些雄心勃勃的项目。对于迪士尼的体验设计师来说，受邀参与“实验原型未来社区”的设计是如此神圣庄严，出于对该主题公园和它所代表的象征主义的尊重，设计师也会受到尊重。这是一个以“创意设计师”身份为核心的传统项目。“创意设计师”这个词最早出现在20世纪40年代《时代》（*Time*）杂志一家铝业公司的一则广告上，广告中写道：“创意设计是让你的想象力翱翔，然后将其付诸实践。”1966年，华特·迪士尼（Walt Disney）拍摄了一部25分钟的短片，这也许是世界上最早的“解释性视频”，旨在阐明实验原型未来社区的构想。在这段视频中，迪士尼简述了后来被称为“实验原型未来社区理念”的内容。他设想建立一个乌托邦式的有规划的社区。这是一种生活实验室，展示了对新想法的发明和测试以及寻找城市系统解决方案的过程。

“实验原型未来社区”将永远处于一种变化、流动的状态，将变化看作其存在原因的核心。这个关键的设计原则至今仍与我同在。在这则短片公开公布前，迪士尼就去世了，而“实验原型未来社区”完整、大胆的构想也被公司所放弃。对于数百万游客来说，“实验原型未来社区”就是一个游乐园。对于它的设计者华特·迪士尼来说，这是一项伟大的实验。它的根源比表面上看到的更为激进大胆。

当布鲁斯和我被邀请与创意设计师一起工作时，我们受邀参加了一次罕见的幕后谈话，这次谈话让我们又回到了“实验原型未来社区”的根源。对话集中在基本的探寻上：第一，“实验原型未来社区”最初的设想是什么？第二，“实验原型未来社区”想建成什么样？第三，我们如何用大胆到足以改变迪士尼未来轨迹的构想来纪念他最初的梦想？

在我们“创意设计工作坊”成立的当晚，我们参加了一个改变我一生的晚宴。与客户和同事共进商务晚餐是必要性的礼仪活动，这类活动往往会平淡无聊。然而，那天晚上却一点也不无聊。这次共同的经历铸就了我们一生的友谊。

创意设计师会带人去哪里吃饭？当然是去“芭莎”（The Bazaar）餐厅了。先锋主厨何塞·安德雷斯（José Andrés）的这家餐厅，在法国工业设计师菲利普·斯塔克（Philippe Starck）营造的物理环境中被赋予了生命。这家餐厅的名字取得恰如其分，“Bazaar”一词指的是集多种感官的冒险、文化剧场和熙熙攘攘的市场于一体。走进这家餐厅就像走进了一幅萨尔瓦多·达利（Salvador Dalí）的油画，加剧了方向的迷失感。

来自西班牙的何塞·安德雷斯是将分子美食的先锋流派引入美国的主要力量。如今，“分子烹饪”已经成为一个流行的术语，它描述了烹饪艺术中不断扩大的实验领域，但这种描述并不公正。该领域采用科学技术将食物分解为基本的构成要素，使厨师能够以意想不到的方式重建元素，将用餐体验转变为一场奇迹之旅。亚里士多德“第一性原理”的另类解读，就体现在了烹饪艺术中。

那天晚上，我们的晚餐中不时出现的是招牌体验，而不是菜肴。最先上的是液化虾鸡尾酒，用一套化学风格的吸管将这种味觉体验喷进你嘴里。这时候你就知道该放弃传统了。

那天晚上我最喜欢的感官体验，也是后来我最喜欢向他人介绍的体验，是向安德雷斯的导师、阿布衣餐厅（El Bulli）的主厨费兰·阿德里亚（Ferran Adrià）致敬的一道橄榄菜品。这种橄榄的做法以两种方式呈现：老派和新派。老派的做法是用西班牙最美味的绿橄榄。橄榄饱满、多汁、调味得当，让人体验到食物带来的愉悦。摆在老派做法橄榄旁边的是对橄榄的现代诠释。每一颗橄榄都被处理成了液态，包裹在一种可食用的薄膜中，就像一个微型气球，放在一个勺子里。它一进入你的口中就迸发出浓郁的味道，比“真正的”搭配更让人印象深刻。自然天成与人工合成、旧与新、可识别与陌生之间的对比，显然经过了精心设计。你不禁一边发笑一边问：“这到底是什么？！”

真实与超现实的碰撞颠覆了人们的预期。当我们经历这种方向迷失时，我们颠覆了我们认为自己知道的确定性，重新校准了我们的思想，拓展了我们的想象力，以吸收和获得可能出现的新概念。这种模拟是艺术和科学的结合，是我所称之为“惊奇”的强化表达。

爱因斯坦对这种特殊的惊奇感做了最恰如其分的描述：

当一种经历与我们内心已经根深蒂固的概念发生冲突时，这种“惊奇之感”就会出现。

在科幻小说的语言中，“惊奇感”被定义为“一种觉醒或敬畏的感觉，这种感觉由个体对可能性认知的扩大引起，也可能由与浩瀚的空间和时间的对抗引发。”

敬畏是由不断增多的可能性引发的。想象一下，食物可以带来如此不同凡响的体验，引发敬畏、拓展意识，让你质疑自己的所知。分子美食学表明，我们普遍持有的信念会被迅速解构，并以无法识别的形式重新组合起来，挑战成年人称之为智慧的确定性和安全性。成年，往往是安全的同义词，这安全来自我们熟悉的惯例。我们把自己裹在传统智慧的安全毯里，限制了年轻时承诺给自己的无数可能性。但孩子不受真实与不真实之间区别的限制。这对安德雷斯来说也是如此，他的手艺没有界限，让我们再次变得年轻。童心未泯的我们来到一处前所未见之地，要求我们去拥抱未知。

在成年人身上看到的孩子才有的惊奇感——因敬畏产生的惊奇——常被认作是幼稚。但为什么我们总是用消极的眼光去看待未知呢？难道我们必须知道一切吗？

在乔·莫兰（Joe Moran）对汤姆·范德比尔特（Tom Vanderbilt）所著的《永远年轻的初学者》（*Beginners: The Joy and Transformative Power of Lifelong Learning*）的评论中，他提醒我们，“业余爱好者”（dilettante）一词来自意大利语的“dilettare”，意思是“高兴起来”，但这个词在英语中通常被理解为“肤浅的学艺不精者”。另一个“业余爱好者”（amateur）源于法语的“爱”（amour）这个词，但在英语中却经常被用来形容那些无能、笨拙、意志不坚定的人。

我们给这么多与学习乐趣相关的词赋予了贬义，这很能说明问题。发现自己对世界的热爱给我们带来了纯粹的快乐，为什么我们一定要蔑视这种快乐呢？我们又如何决定什么是值得知道的，什么是不值得知道的，什么是值得重新创造的？

当某件事成为已知，它就会被固定在适当的位置。当一切都固定了，生活就会变得乏味。正是因为我要与一个动态的、不断变化的世界的复杂性做斗争，生活才变得有趣。

难怪彼得·潘不想长大。长大就意味着失去了发现的乐趣。

为了更好地了解世界，我们必须首先认识到，思想是不断变化的、在不断地重新定义自己。我们被教导认为是静态的核心概念实际上可能是不断运动的。这正是激进好奇心的基础，因为它允许我们挑战旁人视作神圣的传统。

我们在概念世界的经验已被固化在我们成年人的思维模式中。当我们站在青春的当下，我们会更加机敏，还能够带着一种惊奇感去想象。

我们的生活以及构成生活的思想是不断迭代的作品。人类早在公元前 6 世纪就明白了这一点，当时的希腊哲学家赫拉克利特（Heraclitus）坚持认为，变化是不可避免的，而且永远存在——我们一直处在“成为”的过程中。正如赫拉克利特的那句名言：“人不能两次踏进同一条河流。”因为青春本身就是一个中间期，存在于童年和成年之间的空间，它是一个长成的时期。

19 世纪中期，法国诗人、散文家夏尔·波德莱尔（Charles Baudelaire）写道：

孩子看到的一切都是新鲜的，没有什么比小孩子被形式和色彩所吸引时的喜悦更像我们所说的灵感了。天才不过是随意恢复的童年。

我喜欢这个想法。天才只不过是随意恢复的童年，因为孩子在所有事物上都能看到潜力。艺术家、企业家、发明家和革新者试图抓住年轻人的这一方面：在这个时代，每一次相遇都是新的，都孕育着可能性。毕竟，这难道不是孩子们本能想做、同时也是华特·迪士尼花了几十年时间试图做成的事——想象和建立新世界吗？

对我来说，彼得·潘和 2 号铅笔是构建世界的工具。对于我的儿子来说，像《我的世界》和《堡垒之夜》这样的游戏才是他擅长的领域。这些是模拟在新的虚拟世界中创造、探索和演绎故事的游戏。这些工具可能经过了多年的发展演进，但发现的乐趣是一样的。

1966 年，罗伯特·弗朗西斯·肯尼迪（Robert F. Kennedy）在南非开普敦向 18 000 多名学生发表了他最具影响力的演讲，这篇被称为“肯定之日”（Day of Affirmation）或“希望的涟漪”（Ripple of

Hope）的演讲，激起了一种直面南非和美国的种族隔离和正义的乐观主义叙事。虽然这篇演讲在很大程度上被人们铭记，是因为它动摇了两国围绕民权问题的政治，但它也包含了对青春作为一种精神状态的激动人心的反思：

这个世界需要的是青春的品质：不是年华，而是心境，是意志的磨炼，是想象的品质，是战胜怯懦的勇气，是战胜安逸生活的冒险精神。

我渴望领袖们抛开怯懦，以年轻时那种充满活力的勇气和冒险精神行事。这并不像看上去那么难以置信。

在《写给女儿的信》（*Letter to My Daughter*）中，玛雅·安杰洛（Maya Angelou）带着乐观的情绪若有所思道，也许我们大多数人都没有真正长大。我们童年时的自己才是真正的自己，即使我们老了，我们的精神依然年轻。安杰洛这样写道：

我相信大多数人都没有长大。我们找到停车位，兑付信用卡。我们结婚，大着胆子生了孩子，我们把这叫作成长。我认为我们中的大多数所做的只是变老。我们的身体和脸上都留下了岁月的痕迹，但总的来说，我们真正的自己，我们心底里的那个孩子，仍然像木兰花一样天真、羞涩。我们可能表现得世故老练，但我相信，当我们走进自己的内心，找到那个家的时候，我们才会感到最安全，那是一个属于我们的地方，也许是我们真正拥有的唯一的地方。

孩子们是处世的初学者。但即使作为成年人，我们还会不断地发现在自己身处的情境、背景和文化中，自己就像一条离开水的鱼，仍然在摸索游戏的规则。我们可能会做一些成年人该做的事情，比如找停车位，比如付账单。但我们不应该把这等同于成长。世界比以往任何时候都更需要年轻的勇气。

回首我自己的童年，也许彼得·潘成了我最爱的迪士尼角色并不是巧合。毕竟，连虎克船长[①]都知道真相：

成长是一件如此可怕的事，有各种不方便不说，还要长青春痘。

① 虎克船长：《小飞侠》中的反派人物。——译者注

唤醒我们的感官

我们怎样才能充分汲取生活的经验？为什么我们面对世界提供的视觉盛宴竟如此麻木？好奇心如何唤醒我们的感官，让我们从经验中接收更多、记录更多？

我和布鲁斯·茅一起工作时，他会以一种不同寻常的方式把我介绍给其他人。我 27 岁时领导的客户团队中有的成员比我大 30 岁。在我们第一次见面时，似乎是在小心翼翼地避开我太年轻的话题，他们会这样问我："能讲讲你的背景吗？"布鲁斯则毫不犹豫地断言道："赛斯没有背景，他有的全是前景。"

这个回答诙谐又俏皮。前景是一个视觉上比背景更大的空间，是一种将读者定位在动作发生的空间的舞台设计技巧。

对青春的感知是我生命中反复出现的主题，但我认为青春的概念指的是我们以何种状态出现在生活中，而不是按时间顺序排列的标记。对我来说，青春意味着一种纯粹的快乐，即发现自己热爱这个世界的原因，什么值得了解，什么无须知道，什么值得重新创造。这是一生冒险的开始，正因为我们打破了自以为已经确定的一切，才会充满惊喜，让我们保持年轻、保持兴奋。

因此，当反复听到"你太年轻了"这句话时，我感到非常震惊——

这一现象反映了在群体层面我们还无法接受与预期时间线不符的异常情况。

生活不是一个时间表，而是一系列的不期而遇。

有时我把自己想象成本杰明·巴顿（Benjamin Button），这是弗朗西斯·斯科特·菲茨杰拉德（F. Scott Fitzgerald）短篇小说里的人物，本杰明·巴顿是逆向老去的。将某地当作旅行的出发点而不是目的地，把生活中的遭遇按无意义的顺序进行排列。正是在这些不期而遇中，诞生了一些原创的东西，或者正如萨尔曼·拉什迪（Salman Rushdie）所描述的那样："一点点这个，一些些那个，新事物就这样进入了世界。"

但这也引发了以下问题：这些不期而遇是如何改变我们的？我们在这个"当下"究竟活得怎样？我们有多能吸收生活中最丰富的经验？好奇心能唤醒我们的感官，让我们从经验中接收更多、记录更多吗？

好奇心唤醒了我们所有的感官。它要求我们重新变得敏感，不再麻木。我们的生活处处都是交易与流程，不想只是简单地结账退房、走走过场，在噪声中仍有那些我们可以重新调谐的有意义的信号。当我们拥有激进的好奇心时，我们就能深刻地倾听向我们发送的各种信号，我们就像借助多感官声呐一样能接收到大量的信息。我们如何才能对这些信号高度敏感并予以理解呢？

在我年轻（从年龄上讲）的时候，我经历了一场改变人生的邂逅，那是埃贡·席勒（Egon Schiele）的一幅画。席勒的作品具有感性的表现力，注定领先于他那个时代。作为古斯塔夫·克林姆特（Gustav Klimt）的门生，席勒专攻肖像画，擅长描绘动态的、亲密的或受折磨的身体：恢复了感官的年轻人。1890 年，席勒出生于奥地利，他与我的曾祖父出奇的相似。事实上，这种相似是如此惊人，以至于我开始研究家族史，我发现我的曾祖父就出生在奥地利，席勒度过青年时代的许多地方他都去过。

16 岁时，我参观了席勒最大的作品回顾展之一，其中包括维也纳利奥波德博物馆收藏的 100 多幅席勒的素描和油画，这些作品在纽约现代艺术博物馆临时展出。这次展览举办的时机也很特殊，正是我作为艺术家身份的关键时刻——我的好奇心达到了顶峰。我正在如饥似渴地接受着所有我能得到的创造性刺激。但我当时生活的乡村有它的局限性——因此，来到纽约这座大都市就像我生命中的一道闪电，而当时的我对简单的静电就已经很满足了。

席勒的作品让我惊讶到无法呼吸，他教我如何用眼睛去感受。

我从没见过他作品中那样的线条。这些线条不是客观地去表现一个形状。席勒的线条相当于视觉化的艾拉・菲茨杰拉德（Ella Fitzgerald）的拟声演唱和迈尔斯・戴维斯（Miles Davis）的爵士乐。库勒作画时将画笔、铅笔乃至整个绘画过程都当作即兴表演，他所画的就是那些我们真正见过的人。结果，我觉得自己被席勒本人看到了。这也许是我生平第一次遇到的崇高的邂逅。在美学和哲学中，“崇高”是一种超越计算、测量或模仿的可能性的状态。一次崇高的邂逅超出了我们的预期，激发了一种改变我们世界观的敬畏之情。正如杰森・席尔瓦（Jason Silva）所描述的那样，崇高是“一种如此广阔的感知体验，你必须重新设定自己内心世界的心理模型才能将它融入其中”。

年轻的时候，我们生活在一种永远敬畏的状态中。每一次新的邂逅都超出了我们的预期，只是因为我们没有什么可拿来作比。席勒自己将青春与一种敬畏联系起来，他写道：

一个人要用天真纯洁的双眼去观察和体验世界，这样才能获得伟大的世界观（Weltanschauung）。

“Weltanschauung”一词来自德语，意思是“一种特定的生活哲学或全面的世界观”。这不正是我们所追求的吗？这不正是我们要发展的世界观吗？

我们的日常生活是一场视觉盛宴，处处都是信号和线索。事实上，人类主要是视觉生物。看到形状、颜色、纹理和符号，然后将它们综合起来生成复杂的评论和理解，这才是人类独有的超能力。我们大脑处理的 80% 以上的信息是视觉信息。我们的大脑以惊人的速度处理这些视觉内容。事实上，据估计，我们处理视觉信息的速度是处理文本信息速度的 6 万倍。换句话说，人类天生就是视觉传播者。

但我们的这种能力却未能获得充分的发展。现代世界的“去美化”让我们的这种能力进入了冬眠，让我们确信自己在视觉上是文盲，而充满图表和 PPT 的商业环境则强化了这种冬眠，这些图表和 PPT 就像对我们视觉感官发起的攻击。此外，技术使视觉制作效果成倍增强，导致图像过度饱和，视觉输入出现不和谐情况。以摄影为例。仅在 2017 年，人类就拍摄了 1.2 万亿张照片。就在现在，每一刻拍摄的照片比之前 150 年前的总和还要多。难怪我们对视觉文化的力量和潜力变得麻木了。

我们在不断地记录、报告、分享、再分享，却很少反思。对所拍摄的内容还没完全体验，我们就已继续前进。这就好像我们一直闭着一只眼睛在拍摄一样，至于接收到什么样的视觉信息则全凭运气。

然而，随着神经科学的突飞猛进，我们发现大脑的能力远远超出了我们的传统预期。亨利·马克拉姆（Henry Markram）领导着位于瑞士的科技研究型大学瑞士洛桑联邦理工学院（EPFL）的“蓝脑计划”（Blue Brain Project），他们花了十年的时间对所有生物的大脑细胞活动进行了数字扫描、绘图和模拟。到2024年，这一前所未有的努力将产生第一个对超过1亿个神经元和近1万亿个突触的生物学详细模拟。历史上，人们普遍认为有四个维度——长度、宽度、深度和时间。最近，弦理论提出宇宙以“十维度”运行。但“蓝脑计划”的最新研究表明，我们的大脑创造了多达“十一维”的神经结构——以类似于“沙堡”的可视化方式呈现出来的抽象的数学空间。

每个人都有一个视觉处理系统，换句话说，它运行的维度比我们最新提出的宇宙模型的维度还要多。考虑我们的自然工程学，想想我们的想象力可以建造什么。我们该谈谈人类那等待随时被释放的潜力了。

然而，要想真正体验视觉世界，我们需要超越大脑，需要用心去理解我们所看到的。

“体验”一词源于拉丁语“experīrī”，意为“经受考验”，就好像我们现在随意描述的经历是对我们的大脑和心灵的考验。正是通过这种合成，好奇心才能真正茁壮成长。因此，成熟不仅是我们所经历的时间，还是考验我们感官的智慧。艺术家、设计师和各行各业的创意人员都对周围的感官世界尤为敏感。毕竟，艺术家的目标是传递崇高的、令人敬畏的体验。

差不多20年后，我在纽约现代艺术博物馆的画廊里看到了席勒的作品，我发现自己又来到博物馆看了另一场回顾展：对冰岛籍丹麦艺术家奥拉乌尔·埃利亚松（Olafur Eliasson）作品的第一次全面考察，他和许多当代艺术家一样，不再将自己的作品局限于绘画或雕塑等单一媒介，而是采用了一系列技术和媒介来为体验作品创造条件。埃利亚松的作品展“慢慢来”（Take Your Time）表现的是一系列短暂的现象，使观众不可能不动用自己的感官去体验。在我最喜欢的一件现代雕塑装置作品《美》（*Beauty*）中，埃利亚松设计了一幅从地板到天花板的细雾帘，在聚光灯的帮助下，创造了一道纹理华丽、起伏平缓的室内彩虹。参观者受邀穿过雾帘，感受雾留在皮肤上的感觉。我被这次体验感动了，忍不住伸出舌头品尝了一滴彩虹。

埃利亚松的创作实践属于现象学，现象学是哲学的一个分支，研究我们如何感知和理解现象，以及现象在我们对世界的主观体验中的意义。本质上，现象学研究的是个体如何创造经验。在这个领域，商业正在迎头赶上。

在埃利亚松首次推出彩虹雕塑装置近30年后，似乎每家《财富》500强公司都在建立完整的体验设计师部门。我们看到，许多公司都聘请了自己的首席体验官，并在“客户体验之旅”上投入了巨资，同时艺术家和设计师也越来越多地被请进董事会会议室，帮助公司和品牌在交易之外增加与客户的接触点。所有这些都只能被描述为一场军备竞赛，目的是在增长最快的市场之一——体验经济中找到立足点。正如约瑟夫·派恩（Joseph Pine）和詹姆斯·吉尔摩（James Gilmore）在他们里程碑式的著作《体验经济》（*The Experience Economy*）中所描述的那样，体验经济的目标是“将企业与客户连在一起，并通过难忘的体验确保客户的忠诚度”。虽然体验经济不再给人革命性的感觉，但企业的感官正在恢复。

然而，关于体验经济，我们还是要问一些基本问题。首先，体验由什么构成？我无法将我与席勒颠覆性笔触的崇高邂逅，与沃尔玛应用程序追踪我到家并以提升忠诚度和数据分析为由，擅自使用我的搜索信息的经历相提并论。作为一名运用感官的艺术家，对商业开始用体验的语言说话我很受鼓舞。与此同时，我们必须承认，并非所有的体验都是有意义，甚至受欢迎的。为了理解体验是如何影响人、社区及复杂的社会——不管这种影响是好是坏——我们必须问：驱动这些体验设计师的意图是什么？这种媒介被用来服务于什么？体验设计师的责任是什么？这些问题开始凸显体验经济中文化领域和商业领域之间的二元对立。

当体验的目的是以某种方式激活人们的感官，使他们超越他们认为可能的极限，从而给他们机会了解自己和周围世界的新事物时，体验就是文化的。

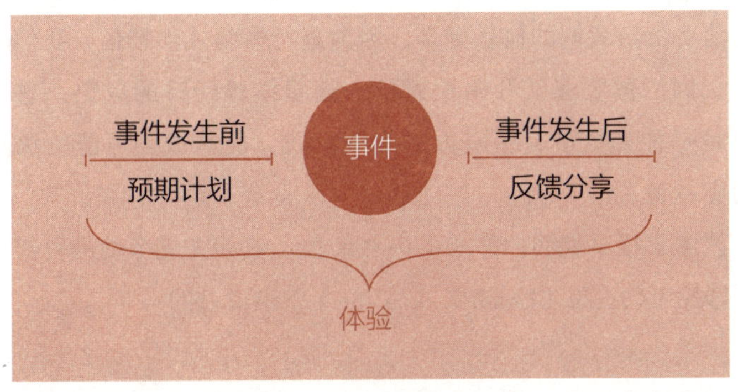

当体验的目的是激活感官，使产品或服务的主要价值超越生产经济的限制，从而获得新的利润时，体验就是商业化的。

体验设计领域还处于起步阶段。今天，它主要关注为经济服务的商业工程学体验。但想象一下，如果该领域关注的是为实现幸福设计的文化体验呢？如果设计师愿意设计出强大的、整体的、多感官的体验来帮助应对我们这个时代最根本的挑战，那将会怎样？如果体验经济的目标不是体验服务的货币化，而是体验快乐的最大化，那又会怎样？

正如神经科学的进步可以帮助我们更好地理解我们的感官和我们对它们的理解之间的关系一样，心理学强大的洞察力也可以帮助我们理解体验和幸福之间的关系。在《大西洋月刊》2014 年的一篇文章《买的是体验，而不是货品》(*Buy Experiences*，*Not Things*) 中，作者詹姆斯·汉布林（James Hamblin）整理了康奈尔大学心理学教授托马斯·吉洛维奇（Thomas Gilovich）的研究成果。吉洛维奇一直试图弄清楚体验消费为何比实物消费让我们更快乐。吉洛维奇的一个重要发现是，从体验中获得的大部分快乐是在事件发生前的期待、事件发生后的回味，以及对整件事的回忆和复述中发现的。换句话说，像旅行、听音乐会和看电影这样的体验消费往往比实物消费带给我们的快乐更多，因为进行体验式消费带给我们的快乐在我们消费之前就开始积累了。随着体验经济的成熟，它可能不再是一种完全没有吸引力的经济形式，而是成为可能的深刻设计的支持者。

艺术家很早就明白体验的内在价值。正如文笔辛辣的科幻小说家厄修拉·勒古恩（Ursula K. Le Guin）曾经说过的：

艺术的功能之一是让人们通过文字来了解自己的经历。讲故事是一种手段，让我们了解自己是谁以及我们想要的是什么。

唤醒我们的感官，致力于活在当下：直面自己，直面彼此，直面我们接收到的所有信号，去发现并享受我们日常经历中的各种价值。价值并不总是崇高的，抑或极其明显的。但如果我们保持开放的态度，我们就能利用自己好奇的天性，继续以全新的方式体验这个世界。这是我对七岁的女儿露西的愿望。露西已经有了丰富的体验。她没有背景，她拥有的全是前景。

交谈的乐趣

被我们简化的数字通信真的能体现交谈的所有妙处吗？数字通信能取代与他人共进晚餐这一神圣仪式吗？在交谈中，我们能重新审视未经检验的假设、能想象一个更美好的社会，我们今天去何处寻找这样振奋人心的交谈呢？我们能把餐桌当成一个交谈的剧场，让信任、同理心和新想法不断涌现吗？

厄玛·罗姆鲍尔（Irma Rombauer）于 1877 年出生在密苏里州的圣路易斯。这一年很关键，因为美国正努力在内战后进行重建。《1877 年妥协案》（Compromise of 1877）是为解决 1876 年总统选举结果所签，标志着“重建时期”的结束，因为政治压倒了联邦政府保护非裔美国人权利的承诺。

厄玛·罗姆鲍尔的父亲从德国移民到美国，厄玛生活在一个女性基本上被排除在公民生活之外的时代，这是独立精神受挫的根源。她的父亲积极参与公民事务，她同父异母的哥哥在 1918 年流感大流行期间担任圣路易斯市卫生专员，负责将社交距离的概念引入当时的卫生防疫工作中。作为正式晚宴和其他社交聚会的女主人，厄玛表现得相当出色，厄玛的丈夫埃德加·罗姆鲍尔（Edgar Rombauer）通过这些晚宴和社交聚会召集了有影响力的公民领袖及政治伙伴，后来当上了圣路易斯众议院议长。大萧条的到来加剧了埃德加原有的心理健康问题，1930年，埃德加自杀了。52岁的厄玛孤身一人，没什么积蓄，也没有办法养活自己，于是厄玛决定写本书。1931年，她自己出版了一本名为《烹饪的乐趣》(*The Joy of Cooking*)的书。如今，这本书已再版九次，销量超过1800万册，仍然是美国最受欢迎、最知名的烹饪书之一。

作为一本可能被错误地描述为食谱集的烹饪书，其内容要丰富得多。事实上，将《烹饪的乐趣》更名为《交谈的乐趣》丝毫不为过。

厄玛的女儿玛丽昂·罗姆鲍尔·贝克尔(Marion Rombauer Becker)为《烹饪的乐趣》撰写了很多关键内容，并创作了插图，她后来说道：

> 母亲早年做家务的日子……没有证明母亲有何高超的厨艺……事实上，母亲直到生命的最后一刻都把社交看得比食物更重要，这是一个公开的秘密。在我们小时候，餐桌旁经常会有一个讲台，而不是自助餐台。比起它所盛托的菜肴，我记得更清楚的是围绕着它展开的谈话——我必须承认，谈话的质量不断提高——是我们丰富多样的兴趣迸发出来的交谈。

《烹饪的乐趣》与其说是一本烹饪书，不如说是一本欢乐社交配方的合集。这本书的魅力主要体现在贝克尔对话式的声音、评论和逸事中；这些食谱就像叙事一样，随着故事的展开，食材就像人物一样被引入。这种对烹饪书风格的创新方法被称为“行动法”。

烹饪的乐趣一直都与交谈的乐趣紧密相连。食物是贝克尔所说的社交催化剂：任何有意义的事情都是通过对话开始的。我们通过交谈与他人建立联系。就像乒乓球的一次截击，一个未经编排的舞蹈，一种即兴运动，锻炼的不一定是身体，而是智力、情感和社交。因为交谈是没有剧本的，它对我们的要求比我们生活中大部分的常规事务都要高。

交谈——心灵的健美操——需要我们具备临场应变的能力、与我们的舞伴保持协调，以及实时改进我们对自己想法的理解，以便更好地将想法传达给他人。

然而，令人遗憾的是，交谈是一种正在消亡的艺术形式。随着社会引导我们花越来越多的时间独处，随着越来越多的话语进入数字领域，交谈的开放性正日益受到调解和限制。但数字环境并不能成为对话的舞台。有意为之的交谈包含无数的变数，而数字通信是一种受规则和限制支配的操作，是一种由 1 和 0 组成的代码。我们不能将信息交换与无脚本的交谈混为一谈。

我们真的认为被我们简化的表情符号——竖起的大拇指、心形、哭脸、大笑——能代表交谈的所有妙处吗？这些表情符号能取代与他人共进晚餐这一神圣仪式吗？这些表情符号能取代信任、同理心、和解及新想法涌现的交谈场合吗？

共同用餐可能只是唤醒好奇心所需的设计手段。

历史是通过吃饭时一段段里程碑式的交谈来书写、标记和修改的。文化转型是在餐桌上发起、策划、实施的。从政治进步到活动家的行动再到艺术、诗学，一顿饭是一个机会，表明我们足够关心自己和彼此，以推动新的叙事。一起吃顿饭有可能改变关系的基调，改变接下来可能发生的事情的轨迹。僵局怎么破？一起吃顿饭吧。

在 18 世纪的法国，最重要的对话发生在沙龙中：这些在私人宅邸举办的签名聚会，通常由知名的女性来主持，这些女性后来被称为“沙龙女士”。好奇的客人会对一些重大事件进行讨论，从文学到科学再到政治。这些沙龙成为政治思想的中心，是剖析和讨论《独立宣言》《弗吉尼亚权利宣言》《美国宪法》等革命文件的地方。

沙龙是交谈的孵化器，这些交谈挑战了遗产叙事，并迫切地塑造了新的叙事。法国沙龙的形式从非正式、随意和非结构化发展到有议程、有嘉宾的更正式的辩论。本杰明·富兰克林（Benjamin Franklin）和托马斯·杰斐逊（Thomas Jefferson）等美国外交官是这里的常客。事实上，据说杰斐逊在 1784 年至 1789 年期间参加巴黎沙龙影响了他的外交方式，激发了他的革命精神，最终使他开创了自己的沙龙式时刻，而这些改变了美国的进程。

1790 年 6 月，从法国回来后，杰斐逊主持了可能是美国历史上最重要的一次晚宴。出席的来宾只有亚历山大·汉密尔顿（Alexander Hamilton）和詹姆斯·麦迪逊（James Madison）。在一顿饭的过程中，他们就联邦政府如何偿还州债务和重新分配资金达成了协议——这次谈话后来被称为“餐桌讨论”。这次晚宴成为林曼纽尔·米兰达（LinManuel Miranda）的百老汇热门音乐剧《汉密尔顿》（*Hamilton*）的关键场景，也是剧中歌曲《决策诞生的房间》（*The Room Where It Happens*）的灵感来源。

说真的，谁不想身处这间决策诞生的房间呢？不管我们的动机是什么，我们都想在餐桌上占有一席之地。《决策诞生的房间》这首歌是对现代模因“错失恐惧症”（FOMO）——即害怕错过——的一种赞歌。参与就是一切。我们的精神可以因简单的邀请而振奋，也可以因被排斥而崩溃。然而，今天被邀请参与重要谈话的机会似乎少之又少了。

传统的对话中心已经解散一段时间了。今天，我们迫切需要社会话语的新阶段，需要交谈文化得以复兴的地方，需要以引导调查为使命的组织机构的出现。

在交谈中，我们能重新审视未经检验的假设、能想象一个更美好的社会，我们今天去何处寻找这样振奋人心的交谈呢?

我们需要为这些对话设计新的空间。不在政府内部，但要有公民意识。不在商业内部，但要专注于创造财富。不在慈善领域，但要致力于行动主义。不在学术界内部，但要注入深刻的知识根源。像丹佛当代艺术博物馆这样极具创意的地方，在我辞去副馆长一职近十年后，就宣布自己的使命是“激发对话，想象一个更美好的社会，关注我们社会中未经验证的假设和听不到的声音”。

我们需要投资于社会学家雷·奥尔登堡（Ray Oldenburg）所说的“第三空间”。奥尔登堡将这些空间定义为不同于我们的家（第一空间）和工作场所（第二空间）的另一个空间：人们交换想法和建立社会关系的空间。现在比以往任何时候都更需要这些空间，但只建立这些空间还不够。娱乐中心、公园、酒吧、美发沙龙和其他聚会场所的复兴本身不足以应对我们所生活的这个复杂时代。

我们需要一个空间来点燃法国沙龙的革命精神，法国沙龙中的这些宾客没有将他们的工作仅仅理解为收集那些未被听到的声音，而是去捍卫这些声音、研究新兴叙事，并利用他们的创造力来建立新的未来。

我们需要第四空间。

第一空间是家，第二空间是工作场所，第三空间是社会空间，第四空间属于未来。

第四空间是对奥尔登堡在30多年前阐述的三个空间的一个全新的、急需的补充。未来是我们需要关注的一个维度，因为我们都是未来的利益相关者。在第四空间，我们重新确立自己作为公民角色的身份，肩负起塑造新兴未来的责任。在第四空间，我们可以将公共生活和私人生活联系起来，在想象接下来会发生什么的时候有一种目标感。

这就需要交谈，需要好奇心，部分原因是我们不太确定接下来会发生什么，正如玛格丽特·惠特利所说的：

> 要放弃我们确信的东西——我们的立场、我们的信仰、我们的解释——是非常困难的。这些能帮助我们定义自己，它们是我们个人身份的核心。然而，我相信，只有我们能够以新的方式共同思考和努力，我们才能成功地改变这个世界。好奇心正是我们所需要的。我们不必放弃自己的信仰，但我们确实需要对他人的信仰感到好奇。我们确实要承认，他人理解世界的方式可能对我们的生存至关重要。

2011年春，在罗得岛州南部的海边，我开始了一项激进的实验即“第四空间生活”。我援引了法国沙龙和杰斐逊的“餐桌讨论”，开始召集一场关于未来的对话。这次晚宴为期三天，成为众多“创意沙龙”中的第一个。

这是我的人生处于稳定与不稳定之间关键时刻的一个大胆举动。我刚刚取得了一系列成功——参与了丹佛当代艺术博物馆的启动，一起策划了“对话：城市”这项活动，还与布鲁斯·茂的设计公司合作主导了一系列重大项目，包括与奥普拉电视网（Oprah Winfrey Network）的合作。我已经为独立的下一阶段做好了准备：成立自己的公司。成为一名企业家，如果我失败了，没人会为我兜底。一旦我决定创办自己的公司，我知道只有一个办法：举办一场传奇晚宴。

首届创意沙龙的运作方式很简单：60位嘉宾围坐在6张桌子旁，用60个小时来阐述未来史诗般的十年要应对的挑战与机遇。

晚宴的地点在罗得岛州守望山海洋大厦酒店（Ocean House in Watch Hill）。海洋大厦酒店最初建于1868年，这座海滨度假风格的酒店犹如一位一头金发的贵妇，雍容华贵。原来的建筑已经倒塌，无法修复，2005年被夷为平地，2010年根据原来的蓝图重建。“创意沙龙”是酒店重新开业后的首批活动之一。我和我的团队预订了整个酒店整整三天，并与酒店员工合作对新的流程和仪式进行了定制设计，以提升这座历史悠久的酒店的参观体验。

首届创意沙龙被设计成一场马拉松式的晚宴，或者海明威戏称为的“移动盛宴”。这是一次“反会议”，一个只有受邀者才能参加的聚会，参加聚会的都是我想邀请一起吃饭的人。我是赞助商，倾尽所有来发起一场非凡的冒险，其实这场冒险我负担不起，我是在放手一搏，正如人类学家玛格丽特·米德（Margaret Mead）所说：

一小群有思想、有决心的人可以改变世界；事实上，改变世界的就是这一小群人。

我不得不相信，如果我们在第四空间摆张桌子来构建一种新环境，在这个环境中，愉快交谈的承诺会激励人们，他们就会响应这个承诺。他们果然响应了。

宴会嘉宾包括古根海姆博物馆（Guggenheim Museum）的艺术领军人物、新加坡和硅谷人工智能领域的先驱、哥伦比亚的健康领袖、迪士尼创意工程部的顶级体验设计师、后来在谷歌担任首席设计师的零售业领袖、微软的计算机科学家、对电视内容进行重新构想的创意人士、全球供应链专家、好莱坞电影制片人等。气候变化专家重新思考可持续性，食品思想家重新审视杂货店的概念，伊朗艺术家向身份政治发起挑战，教育专家给海豹突击队队员教授领导力。

我们一起共进晚餐。我们围坐在一张长桌旁，每边都安排了30个座位，我们像家庭聚餐那样传递着食物，有意设计成让客人每次传递食物时都会互碰一下肘部。每个细节都是有意设计的，为的就是打破普通的社会规范，让他们放下戒心，发现交谈的乐趣。这就像是为极度好奇的成年人举办的夏令营。

在筹备这次聚会时，我有幸见到了莫里斯·桑达克。本打算在创意沙龙上为他颁发终身成就奖，但他谦虚地拒绝了，避开了大家的关注。我反过来答应替他给参加晚宴的60位客人捎个信。在我致欢迎词时，我们用投影仪放了一幅桑达克的签名画，画的是野兽起舞，对着月亮号叫，马克斯[①]骑在卡罗尔的肩膀上。以这幅画为背景，我向客人讲述了沙龙的历史以及它们在艺术领域的交集：

沙龙是在会客厅里举办的聚会，到会的客人都是社会领袖。沙龙是知识分子和文化人士的聚会，通过交谈来增长见识。沙龙是一个与一群创意人员一起想象和计划未来的地方，主要是作为代替信任的舞台。沙龙的历史可以追溯至1648年，当时它是法兰西艺术学院的官方艺术展览。它被认为是西方世界最伟大的年度创意活动。1725年，卢浮宫举办了沙龙，但直到1737年，沙龙才为公众所知。1884年，一群艺术家成立了“独立艺术家协会”，为历史悠久的法兰西艺术学院沙龙进行了一次现代版的升级。参展的艺术家有夏加尔（Chagall）、德基里科（de Chirico）、布拉克（Braque）、贾科梅蒂（Giacometti）、康定斯基（Kandinsky）、米罗（Miró）、莫迪利亚尼（Modigliani）、蒙克（Munch）、马蒂斯（Matisse）、梵高（Van Gogh）和图卢兹-罗特列克（Toulouse-Lautrec）。现在，350多

① 马克斯（Max）和卡罗尔（Carol）是《野兽家园》的两大主角。——译者注

年过去了，我们再次将沙龙作为 21 世纪的会客厅，展望一个繁荣的未来。

我向所有嘉宾转达了桑达克先生的口信儿，在这个坐满激进的思想家和毫无歉意的破坏者的空间里，这句话再合适不过了。桑达克先生说："赛斯，让那些野兽继续把笼子弄得嘎嘎作响，对着月亮咆哮吧！"

创意沙龙即将结束，我在致闭幕词时，一位嘉宾打断了我，他冲上台，让我坐在观众前面的椅子上。原来，我的晚宴嘉宾联合起来雕刻了一个纸皇冠，每个人都在皇冠上写了几句感谢的话。这位嘉宾让我低下头，他正式给我加冕为"野兽之王马克斯"，全场起立鼓掌。

创意沙龙已经成为我自己的《烹饪的乐趣》。我们正在烹饪的是第四空间——致力于未来的我们的想象实验室。

追求生活的意义将是我们正在经历的萎靡不振的解药。
今天，我们比以往任何时候都更需要来一场颠覆性的雪崩，
让我们复活。

活力

只有当我们体验到最高版本的自己时，我们才更具活力。我们需要充分的想象力来实现最高版本的自己，当想象一个超越平庸、与众不同的自我时，我们才是活着的。眼泪就是活力的证据。

日渐衰落的繁荣

当我们的正常意识毫无征兆地被颠覆时，我们该如何应对？萎靡不振是我们整个国家乃至全球大部分地区的新常态吗？我们怎样才能把追求意义作为应对萎靡的解药呢？

1997 年的夏天像龙卷风一样困住了我，把我扭来扭去，加速了青春的落幕，为我指明了一条充满活力之路。

16 岁时，我加入了一个加拿大青年团体，在以色列进行了为期六周的旅行。当地一位慈善家为我提供了一笔奖学金，用于支付这次文化之旅的费用。

我的这趟旅行遇到了很多第一次。

我第一次吃沙威玛（shawarma），每个街角都能找到售卖它的商贩。第一次整个房间里就我一个美国人，经历了对美国叙事的强烈批评。第一次使用自动武器射击，一种沉浸在军队中的感觉，因为所有公民都必须服兵役。第一次收获鸵鸟蛋，这是我在基布兹集体农场时被分配的任务。第一次因不明原因住院。

1997 年 7 月，我离开了青年团体的近 40 名成员，住进了耶路撒冷的一家医院。入院后，我被告知患上了严重的肠胃炎，胃壁正在受损。回到美国后，我最终接受了手术，植入了一个可溶解的医疗工具，以增强十二指肠的功能。

1997 年 7 月 30 日，耶路撒冷马哈内耶胡达市场接连发生两起自杀式爆炸袭击，距离我刚出院的医院只有几公里。这个露天市场很受欢迎，市场内有 250 多个摊贩，贩售的货品从枣、香料到烤肉馅饼和果仁蜜饼，应有尽有。马哈内耶胡达市场是个能量的纽带，走过拥挤的过道，商人向你喊出价格，时不时还说上几句俏皮话。我对此很清楚，因为就在爆炸发生前几天，我还去过那个市场。

7 月 30 日以后，一切都变得沉重起来。虽然我没有目睹爆炸，但它离我如此之近，甚至与我擦肩而过，这让我深感震惊。我正常生活的叙事被打断了，如此迅速而决绝。我的世界观需要重新调整。在我身体虚弱的情况下，在我 24 小时前站立的地方发生了致命的自杀式爆炸袭击，将我一下推入痛苦之中。

这种心理创伤跟着我回了家，给我的高中生活留下了深深的心理阴影。虽然当时被诊断为“创伤后应激障碍”（PTSD），但事后来看，我对此诊断心存疑问。心理学家发现，给情绪命名是管理情绪的最佳策略之一。然而，我却无法用语言描述当时所经历的各种不熟悉的情绪。尽管在那个年纪我还未意识到“自己”到底意味着什么，但我感觉那时的我已不再是真正的自己。

但有一件事是肯定的：我在质疑一切。我开始注意到我周围那些并列的存在：两种叙事的对比如此鲜明，以致难以调和。

一种叙事以我安全的日常生活为特征。我周围的同龄人都在忙着参加各种成人仪式，比如拿到驾照，心仪的车是什么颜色。这是一个典型的在阿迪朗达克长大的青少年的叙事。

另一种叙事以暴力思想为特征。远在地球另一端的同龄人忙于自己的成人仪式——服兵役。这是一个以色列青少年的叙事。

我认同这两种叙事，在这两种叙事中看到了自己。

这种对比一直存在。与自杀式爆炸相比，学校舞会怎么可能有意义？在我暑假经历的衬托下，我的日常生活变得毫无意义、琐碎又幼稚。我的新常态是永远保持高度警惕。我反复琢磨存在主义的问题。幸运的是，我成功地将原本可能出现的造成危害的心理健康状况引到了另一条道路上，这条路带给我全新的生活。

从以色列回国后，我大部分时间都在独处，基本上就是和同龄人保持社交距离。对一些人来说，这可能令人担忧，尤其是考虑到我被诊断为创伤后应激障碍，以及人们普遍认为健康的生活需要大量的社交——参加派对、加入俱乐部和参加运动队。但我明白，丰富的社交活动与人们的预期目标不一样：即深层的社会联系，以及与他人建立真正关系所带来的益处。

我提倡将社会资本作为一种货币形式。但我也相信，人为构建关系和让关系主动发展是不一样的。

所以我给自己布置了一项任务，主动与自己建立关系。我要重新认识自己，因为我以为我了解的一切都被颠覆了。

我发现自己似乎变成了肖像画家。绘画通常是一项孤独的活动，而画室通常是一个神圣的空间，在创作过程中可以进行安静、深刻的反思。绘画也是一种非常有仪式感和节奏感的活动。准备画架、拉紧画布、调和色彩、塑造形象，这些有条不紊的动作有一种沉思的品质。我学会了如何有效地独处，学会了如何放慢时间，专注于自己的心流。这是一种休息和恢复的方式，是为我的心理健康账户存钱的一种方式。

后来才知道，我的这些本能行为有一个名字：主动恢复，也叫主动休息。专业运动员最常用的就是主动休息，意思是给你的身体一种具有积极意义的休息。不是像所谓的被动恢复一样停止所有的活动，而是知道不要一直全速前进是有科学道理的。

主动休息与身体健康密切相关，所以应该将其付诸实践，以增强我们的心理健康。我们需要保护不同类型的慢时间，这样我们就可以在其中构建对自己有意义的关系。给我们空间，让我们对修复和治愈最重要的自我的工作给予尊重。这将要求我们打破用毫无意义的活动来填满时间的既定传统。不停地动只会将我们束缚在原地，使我们处于一种萎靡不振的状态，阻止我们蓬勃发展。

让布拉德·皮特（Brad Pitt）在影片《搏击俱乐部》（*Fight Club*）中饰演的另一个自我泰勒·德登（Tyler Durden），来好好讲讲什么是“萎靡不振”吧。

（我们）干着自己讨厌的工作，买着根本不需要的烂东西，而你买的这些东西最终会控制你。我们活着没有目的，也没有地位。我们没有世界大战，也没有大萧条。我们的世界大战就是一场精神之战，我们的大萧条就是我们的生活。我们都是看电视长大的，我们相信有一天自己会成为百万富翁、电影明星、摇滚歌星，但我们成不了。我们正在慢慢认清这个现实。

主动休息可以让我从萎靡不振变得充满活力。

公共项目

我通过寻找具有明确目的的活动来抵消空虚感。就像我听从自己的本能去画画一样，我积极投身基本实践：道德、公共服务、参与公民生活。主动休息是为了照顾自己，而参与公共项目则是为了照顾他人。

几个月后，我担任了学生会主席，成为地区领导小组中唯一的学生代表，我经常向学校董事会提出关键议题，并就我在以色列旅行时的见闻发表公开演讲。简单来说，我成了社区的一名公民。这些机会成为一种教育，让人们了解不同群体如何协作、如何达成共识、如何处理分歧，以及如何共同规划未来。

就好像我肩负着一项使命，要尽我所能去找到更好的选择，以取代我在以色列遇到的那种爆炸袭击。一项研究调查提出了这样的问题：难道没有别的办法吗？

我与校长成了朋友，了解了她如何领导一个组织，如何与纽约州立大学普拉茨堡分校的绘画系建立联系，如何获准参加当地的艺术讲座和画廊展览，如何受邀成为教师专业发展日的客座演讲嘉宾，如何在我们学校逮捕一名模仿科伦拜恩（Columbine）枪击案的枪手时，被要求向全体学生发表演讲，以缓解他们的焦虑情绪。我在阿迪朗达克最后一年的时间都花在了这类公共项目上。

青春是由一连串转瞬即逝的瞬间串联起来的，这些瞬间带来了短暂的快乐。这些时刻微不足道，很容易被认为无足轻重，但它们是伟大事业的基石。

没有目标感的快乐难以持久；没有目标，我们就无法成长进步。

正如埃默里大学（Emory University）社会学教授科里·凯斯（Corey Keyes）谈到繁荣时所说的：

有很多美国成年人满足快乐的条件，但因为没有目标感，所以对生活的满足感是不足的。

我参与的这些公共项目让我有了目标感，它们让我与快乐相逢。

疫情给美国人带来的创伤

2020 年和 2021 年动荡的夏天让我想起了 1997 年夏天的经历，令我毛骨悚然。

到 2021 年秋，超过 70 万美国人死于疫情。这个数字如此之大，据估计，几乎每五个美国人中就有一个人知道有人死于这场大流行。在我家里，我们通过小小的 Zoom 视频窗口哀悼祖母塞尔玛的离世，我们举行传统哀悼仪式的机会被剥夺。这场大流行夺走了我们所有人的很多东西。比死亡更可怕的是，整个社会都沉浸在创伤之中，为失去正常的生活而悲伤。

亚历克斯·杰达德（Alex Jadad）博士是我的好友、同事，也是公共卫生领域的领导者，他一直在追踪他所谓的“大流行的启示”。他描绘了一幅正在出现的心理健康海啸图景——这场危机已在酝酿中，并且由于大流行的到来而进一步加剧：

到 2020 年 3 月底，也就是美国因疫情而开始进行全国封锁两周后，在所有抗抑郁、抗焦虑和抗失眠的处方中，78% 是给以前从未服用过的人开的。一个月后，全美自杀和求助热线的人数激增了 1000%。也就是在这个月，69% 的工作人员称疫情是他们职业生涯中压力最大的时期，91% 的人称在家工作时感到中度乃至极度的压力，这反映出企业应对能力很差，它们仍然没有意识到像自杀这种消极的想法、情绪和行为已经在社会上传播。

我们需要考虑到整个国家都在经历一场心理健康危机。尽管这些负面影响才刚刚出现，却会改写国家在新常态下健康、工作和繁荣的未来叙事。为了准备好接受这个挑战，我们需要命名目前所处的状态，对它进行诊断是对其进行控制的一种形式。

宾夕法尼亚大学沃顿商学院的教授亚当·格兰特（Adam Grant）在一篇题为《那种你一直以来感受到的低落情绪，名字叫作“丧”》（*There's a Name for the Blah You're Feeling: It's Called Languishing*）的文章中，将我们对这场疫情的集体经历编纂起来。当我读到他对萎靡不振的分析时，我回想起25年前自己的诊断结果。他写道：

这并不是精疲力竭——我们还有能量。这不是抑郁——我们并未感到绝望。我们只是觉得有些无趣和漫无目的。事实证明，它有一个名字：丧。“丧”是一种停滞和空虚的感觉。在心理学上，我们认为心理健康是从抑郁到繁荣。繁荣是幸福的顶峰：你拥有强烈的意义感、掌控感和对他人的重要性。抑郁是不健康的低谷：你感到沮丧、精疲力竭、毫无价值。“丧”是心理健康中被忽视的老二。这是抑郁和繁荣之间的空白——幸福感缺失。

读完这篇文章，不禁让人倒吸一口凉气。正是对这种情绪低落的准确命名，以及对这种状态的准确诊断，才让我们知道自己到底怎么了。整个国家，甚至是全球的大部分地区，都在经历萎靡不振吗？它究竟是由什么引起的？格兰特引用了《哈佛商业评论》上一篇很受欢迎的文章，该文章将我们的经历描述为悲痛：

在失去挚爱的同时，我们也在哀悼失去的正常生活。它用“悲痛”这个熟悉的词让我们理解那种并不熟悉的经历。

对我来说，不能只用“悲痛”这个词来命名这段经历，而是我们可以感受到丧失的常态，就像我们失去挚爱之人一样。我们可以为失去那些无生命甚至无形的东西而悲痛，就像哀悼一种思想的死亡，或者缅怀一段遥远的过去。

在我们熟悉的生活中，这样的中断深深地影响着我们。想想看，几十年来，我们一直在从事那些已经融入我们身份的职业。突然之间，不是因为我们的过错，而是因为我们无法控制的原因，我们不再是曾经的那些人了。除此之外，保持社交距离让我们几个月都无法与亲人联系。亲密的家庭成员变得疏远，友谊凋零，约会和建立新关系的规则被彻底抛弃。社交礼仪的规范被彻底颠覆。更糟糕的是，没有任何预警，没有任何训练，没有任何准备来应对我们生活操作系统的剧变和重塑。毫无疑问，这是人口规模的创伤。

丧失的常态催生了“新常态”这一说法，它用来形容疫情内部的新现实。但从心理健康的角度来看，我们可能没有考虑到被推入另一个现实对我们所有人的影响，也没有考虑到如何重新调整和蓬勃发展。这并不意味着我们都是临床抑郁症患者。这就是为什么“萎靡不振”成为描述幸福和不幸福之间空白的有用语言。

但我认为，早在疫情到来之前，我们就已经萎靡不振了。在美国，我们拒绝谈论心理健康问题。尽管各种指标的证据表明，美国一直面临着心理健康问题的流行病，但这些问题仍然被污名化，如果我们把心理健康作为我们文化的一个组成部分，约翰·韦恩（John

Wayne）——美国坚强的个人主义和坚忍的自给自足的原型——也会气得从坟墓里爬出来。

《世界幸福报告》（*World Happiness Report*）是一项具有里程碑意义的全球幸福状况调查报告，是156个国家和地区的公民对自己的幸福度进行排名的结果。2021年，《世界幸福报告》聚焦于幸福和社会：过去十几年来幸福是如何演变的，以及推动这些变化的技术、社会规范、冲突和政府政策又是怎样变化的。

2019年，在疫情暴发之前，这项全球幸福状况调查提出了这样的问题："总的来说，你会如何形容现在的情况——你认为自己非常快乐、相当快乐，还是不太快乐？"从1到3，3代表最快乐。40多年来，全球平均分从未达到过2.3。不仅如此，在此期间分数还从2.25下降到2.16。

圣地亚哥州立大学（San Diego State University）的心理学教授简·腾格（Jean M. Twenge）提出了一个理论，解释了其中的原因：

> 幸福感和心理健康水平的下降似乎与物质生活水平的提高相矛盾。据报道，美国人现在应该比以往任何时候都更幸福，因为暴力犯罪率和失业率都很低。在过去的几十年里，美国的人均收入稳步增长。这就是伊斯特林悖论（Easterlin Paradox）：随着生活水平的提高，幸福感也应该提高，但事实并非如此。我认为，美国人之所以不那么快乐，是因为他们的休闲方式发生了根本性的转变。

不断恶化的心理健康状况让我们付出了高昂的代价。我们不仅没有达到幸福的状态，而且似乎我们已经接受并承认了这个事实，心理健康问题所带来的社会、情感以及经济成本好像只是日常开销的一部分。

许多人还指出，我们失去了有意义的社会联系。例如，美国卫生局局长维韦克·穆西（Vivek Murthy）认为，孤独是我们身体健康面临的最严重的威胁之一。据估计，孤独会使一个人的寿命缩短15年，其影响相当于肥胖或每天抽15支烟。最近的一项研究发现，高达47%的美国人经常感到孤独、被遗忘，缺乏与他人有意义的联系。从青少年到老年人，所有年龄组都是如此。在英国，孤独已成为重大健康挑战的根源，因此设立了一个新的内阁级别职位——孤独部长。

颇具讽刺意味的是，如今的社交媒体比以往任何时候都更能将我们联系在一起，而在这样一个历史时期，我们却正在经历一场孤独的大流行。但是，一旦我们明白孤独并不等同于缺乏社交，这种讽刺就很容易解释了。这两种体验的本质是不同的。现在的专家说，孤独是“对孤立的主观感知”，是缺乏有意义的联系：

人可以被社会孤立，但可能不会感到孤独，他们只是更喜欢隐居的生活。同样，即使周围有很多人，人也会感到孤独，尤其是在得不到情感回馈的情况下。

几十年来，我们一直处于幸福感衰退的状态。虽然思想领袖对包括社交媒体在内的各种影响因素提出了许多有见地的假设，但我认为我们需要进行更深入的挖掘。我同意腾格教授的观点，我们需要对休闲时间进行重新构想。但休闲时间为谁服务？并不是说只要我们都加入保龄球联盟，美好的生活就会奇迹般到来。要强调的是，幸福的一个关键因素不是简单的社会联系，而是有意义的社会联系，包括与我们自己的联系。

主动休息和公共项目是我在状态失常时的预防性护理工具，这两个工具毫无预兆地将我推入了尚未准备好的新常态。

40 年来，我们的幸福感一直在下降，整个世界都按下了暂停键，造成了大规模的创伤后应激障碍。我们抗击疫情的斗争需要在本已孤独的文化中拉大社交距离。我们必须为一个时代做好准备，在这个时代，我们集体心理健康的滑坡可能是我们面临的最大威胁。它悄无声息地出现，这将是一场危机。

追求生活的意义将是我们正在经历的萎靡不振的解药。今天，我们比以往任何时候都更需要来一场颠覆性的雪崩，让我们复活。

保持活力是一种责任

我们怎样才能为自发性、可能性及自我实现设计更多的舞台？自我实现是只有权贵阶层才能享有的奢侈品吗？超越自我实现，追求集体实现是我们的责任吗？

我不喝咖啡，也不喝酒，但我并非没有不良嗜好。我迷恋电视上的歌唱比赛类节目：《美国偶像》（*American Idol*）、《X 音素》（*X Factor*）、《美国达人秀》（*America's Got Talent*）、《英国达人秀》（*Britain's Got Talent*）。看多少遍都不够。

几年前，一个朋友问我，这些节目有什么吸引我的地方，节目的形式给了我什么启发？我花了一些时间来构建一个经我深思熟虑的清晰回应。

节目里讲到紧张不安的狱警山姆·贝利（Sam Bailey）的故事，贝利认为自己年龄太大了，但还是唱了碧昂斯（Beyonce）的《倾听》（*Listen*）中的一句："是时候让我的梦想被听到了。"节目里还讲了不善社交的沃尔玛价格检查员贾迈恩·道格拉斯（Jahmene Douglas），他唱了埃塔·詹姆斯（Etta James）的《终于》（*At Last*），效果震撼，证明他的灵魂比他的年龄更成熟。节目中还有过于自信的萨尔·瓦伦蒂诺（Sal Valentinetti），陪同的是他的家人［节目中还播放了他吃煎饼卷、抽雪茄的画面，就像《黑道家族》(*Sopranos*）的表哥大汤米一样]，瓦伦蒂诺对西蒙·考威尔（Simon Cowell）说，“我想为自己做点什么。我想把迪恩·马丁（Dean Martin）式的娱乐节目带回来”，然后他就开始唱《我的路》(*My Way*)。节目还展示了弗莱克弗利特小学合唱团（Flakefleet Primary School Choir）令人愉快的混乱，几十个 4 到 7 岁的孩子——合唱团指挥说，“有些是天赋惊人的歌手，有些只是爱唱歌”，他们开始了一场运用各种道具的华丽演出，演绎的是皇后乐队（Queen）的《别阻止我》(*Don't Stop Me Now*)。节目里还有福音唱诗班“启示大道”(Revelation Avenue）带给我们的纯粹的快乐，他们演唱的凯蒂·佩里（Katy Perry）的《咆哮》(*Roar*）达到了无伴奏合唱的新高度。

只是推出任何个人表演者绝非这类节目的目的。这类节目搭建了一个舞台，让平凡人变得非凡。这些节目是让人才实现民主化的舞台。在一个我们很少倾听彼此的时代，剧院是为了让我们听到自己的声音。苏珊·博伊尔（Susan Boyle）普通的外表下居然有着一副如此惊人的歌喉，她的演唱震撼了所有人，因为惊讶我们听了不止一次。这就是个拆解预先假设的实时教训。

这些节目也是自我实现的舞台。作为人本主义心理学发展的一部分，亚伯拉罕·马斯洛（Abraham Maslow）推广了自我实现的概念。1943 年，马斯洛发表了他最著名的论文《人类动机理论》(*A Theory of Human Motivation*)。这篇文章呼吁重新审视心理学，超越行为主义对食物、性和安全这些人类基本动机的关注。马斯洛认为，在对食品和安全的需求得到满足之后，更高层次的需求会出现——爱、归属感、尊重，最后是自我实现。他将自我实现定义为：

个人将自己的潜在需求变为现实的倾向。可以将这种倾向描述为渴望变得越来越像真实的自己，渴望成为自己有能力成为的任何人。

我们是歌唱比赛节目选手自我实现的见证者。我们开始了解舞台上的人，发现自己为他们加油，当看到他们成为有能力成为的那些人时，我们被他们感动了。我们可以近距离地欣赏普通人发挥自己潜力的这出大戏，这让电视节目更吸引人，也让故事变得更有吸引力。节目常常让所有人都落泪：表演者、表演者的家人、现场观众、评委，当然还有居家观看节目的观众。他们哭是因为感同身受，他们真切体会到马斯洛所说的“顶峰体验”，这是“一种以极度愉悦之感为特征的意识改变状态，通常是由达成自我实现的个体所实现”。

只有当我们体验到最高版本的自己时，我们才是具有活力的。要达到这种高度需要想象力。眼泪就是活力的证据。

只有当我们想象一个超越平庸、变得与众不同的自我出现时，我们才是活着的。这是想象力最伟大的天赋：我们有能力在可能性和现实之间架起一座桥梁。当我们观看这些节目中的表演时，我们都被他人与最高版本的自己相遇所感动。一方面是因为它是如此罕见，另一方面是因为它给了我们希望，我们也可以在平凡的生活中增加一点点其他的东西。舞台是一个没有约束的地方，使普通人能够为自己增加赌注、超出自己的预期、传递顶峰体验，传递活力。

我不是演员，但我在寻找一个可以上演非凡事情的舞台。“舞台”是一个隐喻，指的是适当条件的融合。舞台是一个人站在最高自我之中的地方。

这种现象引发了一系列问题：还有哪些舞台会带来这些顶峰体验？还有哪些剧院是培育人类潜能的恒温箱？在提供给我们的舞台上，我们能扮演什么角色？我们如何在自己的生活中设计新的舞台？

我有幸站过的最有影响力的舞台是《奥普拉脱口秀》(*The Oprah Winfrey Show*)，舞台现场就在芝加哥哈波工作室(Harpo Studios)。我生命中最大的乐趣之一是有机会与奥普拉一起工作，并参与了她的几项业务，因为这个长期运营的脱口秀即将停播，我们准备启动奥普拉电视网。我还记得第一次走上哈波工作室舞台的场景。为了对我们的工作进行准备，我研究了脱口秀的历史，认认真真地看了 4561 集脱口秀中内容最深刻的一集——实际上，这是一堂关于自我实现的大师课。奥普拉标志性的格言“活出你最好的人生”，体现了歌唱比赛中同样的活力：普通人置身于非凡的顶峰体验中。

奥普拉的神话产生了深远的影响。关于她的影响力、冲击力以及她所取得的文化里程碑的故事反映了这个国家的故事。所以，参观奥普拉工作室的想法很自然地在我脑海中形成了。参观永远不可能达到我内心的预期。当我们被带上舞台时，节目还没开始。没有观众、没有真正的布景、没有巡视、没有精彩的演出。舞台上很安静。当我踏上舞台，置身于自己人生中的一次巅峰体验时，我的第一反应却是：原来这个舞台这么小啊！

不过，后来我发现了小规模的好处。这是我在与奥普拉工作期间学到的几个关键教训中的第一个。节目的力量不来自实体建筑，而是来自社会建筑。奥普拉和她的团队成员是能力卓越的体验设计师，也许比任何人都更值得称赞。他们知道如何设计社会条件，让了不起的事情发生。

在体验设计中，没有比奥普拉著名的“传奇舞会”(也许是我最喜欢的“奥普拉时刻”)更了不起的案例了。和奥普拉一起工作时，我喜欢和她讨论是什么让“传奇舞会”如此特别。这个为期三天的庆祝活动于 2006 年举办，以电视专题纪录片的形式纪念了玛雅·安吉罗（Maya Angelou）、雪莉·凯撒（Shirley Caesar）、露比·迪（Ruby Dee）、艾瑞莎·富兰克林（Aretha Franklin）、托尼·莫里森（Toni Morrison）、蕾昂泰茵·普莱斯（Leontyne Price）、戴拉·里斯（Della Reese）、爱丽丝·沃克（Alice Walker）、蒂娜·特纳（Tina Turner）和西西莉·泰森（Cicely Tyson）等传奇人物。作为仪式的一部分，这些传奇人物受到了艾丽西亚·凯斯（Alicia Keys）、安吉拉·巴塞特（Angela Bassett）、玛丽·布莱姬（Mary J. Blige）、梅西·埃丽奥特（Missy Elliott）和珍妮特·杰克逊（Janet Jackson）等“年轻人”的欢迎，形成了一个代际社区。我们都可以从这个有意为之的设计决策中学到不少。

整个周末是一场活力满满的马拉松。但在最后一天，由福音歌手贝贝·怀南斯（BeBe Winans）带领的户外福音庆祝活动给大家带来了顶峰体验。周围都是如此杰出的人才，贝贝开始传递麦克风。他肯定得这么做，对不对？没有剧本，没有人事先得到通知，但才华横溢的人能应付自如。这些传奇人物倾吐心声，拥抱音乐的语言，创造出一种只能被称为精神的体验。

正如参加福音早午餐的嘉宾之一、演员西德尼·波蒂埃（Sidney Poitier）所说的那样：“自发性就是力量，太壮观了！”因为事先没有排练，所以是自发，但并非随意而为或毫无计划。今天，“传奇舞会”是我们在工作室用到的一个案例，用来说明从苹果公司到美国运通等众多公司的情境设计理念。这些情境自发而生，但经过精心设计。这些情境没有剧本，但经过精心策划。如果你设计了一个舞台，将人才请到舞台上，并设置了合适的条件，那么奇迹就会发生。

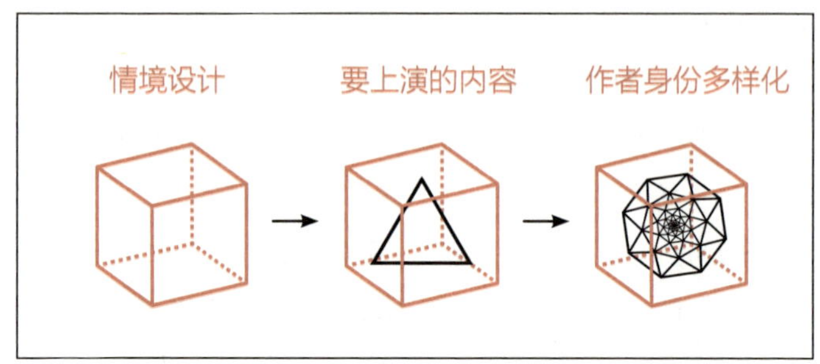

情境设计的目标不是设计出结果，而是设计出结果可以发生的舞台。这一理念与我们今天的商业经营方式背道而驰，今天的领导往往是微观管理，压倒性地专注于具体的行动和要执行的交易：随着复杂的数据分析工具和行为经济学研究进入每个消费者业务领域，这种做法变得越来越普遍。但这种控制型思维模式会让体验变得平淡，也让活力无处可寻。生活不只是一组脚本化的交易。意想不到之事往往能产生最有力的结果。

从商业的角度来看，情境设计代表了根本目标的转变。虽然设计通常侧重于创造一个沉浸在古典美学中的物体或形象，但设计思维更重视解决问题的过程。情境设计将这一点从客体性的局限中又向前推进了一步，使游戏棋盘的设计本身具有价值。问题如何构建、问题的解决者是谁，以及在游戏过程中是否会发生重要和意外的碰撞，这些都是情境设计要解决的关键问题。

今天我们生活在平台时代，价值在于人与人之间的互动，以及人与人之间的合作，从而使人们有无限的排列组合方式来抓住自我实现的机会。

想象一下，试图对优步、爱彼迎或照片墙等开放式网络系统进行过度设计，将会多么虚伪，多么适得其反。当然，在这些系统的设计中的确嵌入了有问题的限制和偏见，但这些限制和偏见目前正在被用户和激进的批评者处理、挑战和改变，这一事实告诉我们，这种思维模式和期望已经达到了何种程度。将系统设计为舞台，而不是固定操作的结果，这是当今最具影响力的企业背后的指导原则，也是共享经济、区块链革命以及构成我们诸多社会系统的合作协议背后的理念。

21 世纪最大的机遇在于为可能性而设计。为了实现这一点，我们要停止制造商品，并开始制造机会。我们需要更多的生存舞台。

参与到你自己的生活中是一种自我实现的形式。正如奥普拉所说，这是一条让我们所有人过上最好生活的道路。

如果我们不能繁荣，我就不能繁荣。如果是这样的话，我们的任务就不是自我实现，而是集体实现。自我实现是 20 世纪的遗产叙事，是塑造生产经济主导地位的原则之一。马斯洛的自我实现概念非常适合当时的时代和背景。但在个人主义和资本主义意识形态的推动下，自我实现的意图被腐蚀，几乎成为自我成功高于一切的代名词。我要赢，就得有人输。现在，这些个人成功与共同成功对立的观点正成为反种族主义话语的一部分，通过说明这种过时的信仰体系的成本，有助于改变自我心理模型。宗教对适者生存的承诺在我们所到之处都得到了强化，这导致自我实现成为一种只向权贵阶层提供的奢侈品，甚至同时成为阻止我们构想集体实现的商业模式和文化模式。

遗产叙事深入人心。在新书《我们的总和：种族主义让所有人付出的代价以及我们如何共同繁荣》（*The Sum of Us: What Racism Costs Everyone and How We Can Prosper Together*）中，希瑟·麦吉（Heather McGhee）谈到了“零和思维”如何阻碍我们达成集体实现。在对麦吉这本书的评论中，詹妮弗·萨莱（Jennifer Szalai）写道：

麦吉说，这种狭隘的心态是奴隶制的另一个后遗症，这就是零和思维——榨取和剥削，就像殖民主义一样。她写道，零和思维“总是只对少数人最有利，同时限制了其他人的潜力，从而限制了集体的潜力”。

这是一种信念体系，它建立在一个虚构的基础上，即致力于竞争是创造财富的途径。在这种叙事中，适者生存是唯一的实现形式，竞争是唯一的途径。麦吉提出了相反的观点，她认为系统性种族主义是一种情境设计，以牺牲自我实现为代价，阻止集体实现。换句话说，包容是一种创造财富的行为：

旧金山联邦储备银行的一项最新研究计算出，如果白人男性和其他人之间的差距缩小，2019 年美国的产出将增加 2.6 万亿美元。花旗集团分析师在 2020 年的一份报告中计算出，如果美国在 20 年前就采取政策，缩小黑人与白人之间的经济差距，美国的国内生产总值估计会高出 16 万亿美元。

杜克大学认知神经科学中心的研究人员、科学家布莱恩·黑尔（Brian Hare）和凡妮莎·伍兹（Vanessa Woods）在其著作《最友好的生存：理解我们的起源并重新发现我们共同的人性》（*Survival of the Friendliest: Understanding Our Origins and Rediscovering Our Common Humanity*）中提出，我们误解了达尔文。“适者生存”这一法则可能完全错了。正如二人在一篇书评中总结的那样：

几个世纪以来，物种之间的友好伙伴关系和共同的人性确保了成功的进化。人类、其他动物和植物都基于友好、合作和交流。他们通过许多合作和社交的例子来证明这一点。

在后疫情时代，如果我们要勇敢地从遗产叙事转向挑战者叙事，我们必须质疑人们普遍持有的信念。它要求我们质疑那些不再为我们所有人服务的观念和传统。

活力是我们热爱生活的能力，是我们为生活脱颖而出并把它当作一顿美餐来享用的能力。我们不能通过伤害他人来实现这一点。没有集体实现，我们就无法达成自我实现。这是 21 世纪最伟大的情境设计项目。它将衡量我们的总和，而不仅是我们每个人的独特性。活着是我们的责任。回顾先验主义者的教导，我们发现了《瓦尔登湖》作者亨利·戴维·梭罗（Henry David Thoreau）的这句话：

我们必须觉醒并保持清醒……一百万人中只有一人清醒到足以有效地发挥智力，一亿人中只有一人清醒地过着诗意般美好的生活。

我相信梭罗的智慧，但考虑到我们中有多少人可能会拥有活着的体验，我也对他含蓄的精英主义产生了怀疑。清醒的人只有一百万分之一吗？只有一亿分之一的人才能过上美好的生活吗？我想起了沃尔特·惠特曼（Walt Whitman）对诗人的定义：“热爱生活的人。”我们能不能设计一个情境，让更多的人实现我们诗意的自我？集体实现是对热爱生活的承诺。

喜剧演员就是角斗士

单口相声怎么成了好奇心的现代舞台？对于那些打破传统的事物，我们该如何理解？我们用什么标准来衡量、颠覆现有的艺术？我们如何区分喜剧和讽刺剧？我们应该对二者加以区分吗？如何让幽默成为表达好奇心的语言？

喜剧演员是当今的哲学家，他们用自己独特的修辞风格帮助我们重新认识自己。喜剧演员成了荒谬世界的导游，向我们发问："我看到的东西你们看到了吗？"

喜剧演员用他们敏锐的观察能力讲故事，让我们对自己重新定位，帮助我们看到这个世界原本的样子，尽管不那么让人舒服。幽默缓和了重新面对现实的悲剧性打击，揭开了那层面纱。幽默让我们意识到我们普遍持有的信念已变得多么匪夷所思。单口相声的复兴搭建了一个论坛，不仅能对抗冲突，还能探讨我们所面临的充满恶意的问题。单口相声是对话的舞台，事实证明，它比传统的话语和冲突解决工具更有意义。

幽默是表达好奇心的语言。

有三种哲学框架可以帮助我们更好地理解幽默，并将其作为好奇心的源头。经过几百年的发展，历经从康德到克尔凯郭尔（Kierkegaard）不同声音的积累发展，这三个框架可归结为优越性理论、救济理论和失谐理论。

1. 优越性理论认为，我们在与他人对比的优越感中找到幽默。小丑或闹剧类型的喜剧，让我们嘲笑别人的错误，嘲笑别人的愚蠢，或是嘲笑作为别人镜像的自己。这种类型的喜剧要求表演者选择某个目标作为攻击对象，无论这个目标是他们自己、观众中的某个人、政治家还是名人。这可以说是一种恶意攻击，因为它借贬低他人来获得笑声。

2. 救济理论认为，情绪是神经紧张的物理表现，幽默则出现在释放焦虑或压力时。我的妻子说，她之所以笑不是因为事情多有趣，而是因为她紧张。这可能是最纯粹的通向欢笑之路——无须太多建构，更多的是对各种环境的生理反应。这是我们的身体通过释放笑声从生理上理解一系列情境的方式。

3. 失谐理论认为，幽默是在对不和谐事物的感知中发现的，这些事物违背了我们的心理预期模式。笑声存在于我们的期望和体验之间。我们在这些矛盾的阐释中找到快乐，因为当我们发现他人正在经历我们所拥有的不和谐时，我们会感到宽慰。这种类型的幽默通过讲故事来说明现实世界和想象世界之间的巨大差异。

正是幽默的第三个框架，即失谐理论，对更好地理解激进的好奇心最有用。19 世纪早期一位有影响力的德国哲学家亚瑟·叔本华认为当我们体会一个概念、经历一种感知时，我们会注意到其中的不和谐，这个概念和感知应该相同，结果却截然相反。这是为了让我们注意到现实往往并不符合我们对它的预期。当面对这种错位时，我们会忍不住发笑。

失谐理论是当今单口相声的流行配方。相声演员按照设置的方程式诱导观众，将妙语作为惊喜的解决方案，把他们逗笑。喜剧是一门艺术，喜剧演员则可堪称政治评论员和文化批评家，喜剧演员的价值在于他们能够突出当代生活中的荒谬和矛盾。

几年来，我唯一信任的新闻主播是乔恩·斯图尔特（Jon Stewart）。作为《每日秀》（*The Daily Show*）的主持人，斯图尔特成了一个将激进主义与喜剧相结合的全新的守护神。他以有趣的方式建立意识，向权力说真话，并以快乐的方式发表严肃的见解，这种能力重新定义了什么才是公民。乔恩·斯图尔特在推动公民话语方面所做的贡献比我一生中遇见的任何一位当选的官员都要多。

单口相声已经成为倡导激进好奇心的先锋的现代舞台，在不间断的一小时内，说服你抛弃你自以为知道的东西，拥抱想象中的另一个选择。当吸入另一种观点时，你的肺部就会发出可听见的喘息声。当你感受到这种干扰时，你的笑声证明你在重新配置心理模型以吸收新见解。笑似乎是一种生理证据，一种来自你身体的信号，表明你正在从内到外发生变化。

通过单人独白的形式，喜剧演员一直在挑战人们普遍持有的信念，并将传统智慧击倒在地。他们用娴熟的演讲技巧和讲故事的方式，加上巧妙的节奏，以至于观众几乎没有意识到他们正在目睹一场精心策划的针对有毒叙事伤害。喜剧演员是善解人意的骑士，杀死了传统叙事的巨龙。

最有说服力的一个例子就是澳大利亚喜剧演员汉娜·加兹比（Hannah Gadsby），她在2017年奈飞公司（Netflix）的特别节目《纳内特》（*Nanette*）中爆红。无意中成了激进的好奇心倡导者的加兹比谈到将笑话“剥离到其最基本的组成部分”（就像亚里士多德的“第一性原理”），并由此得出结论：笑话“本质上是一个带着意外的问题”。她对自己喜剧表演技巧的掌握使她能够运用并扩展其边界，为自己和观众做更多的事。

加兹比向我们讲述了她自己遭受虐待和折磨的故事，将传统上被视为私密的话题变为公开的交谈。她使用的媒介开始脱离单口相声，变得更像是忏悔录、政治演讲、战斗召唤。《纳内特》运用的是喜剧中的失谐理论。在加兹比的演出中，我们期待体验 73 分钟的逃避现实，竟意外地欣赏到了喜剧杰作——从性别到同性恋权利，从性侵到厌女症等问题在其中一一展现，所有这些都可以在这场演出的潘多拉魔盒中找到，这场表演的时间恰到好处，观众都屏住了呼吸。

你们这些性别正常的人对性别太歇斯底里了。你们有点儿怪，有点儿紧张。你们需要控制一下自己。冷静点，你们这些性别正常的人。“不，一个穿裙子的男人，太怪了！”不，不是的。你知道什么是怪吗？给还没长头发的宝宝戴粉色发带！这才叫怪。说真的，你会给土豆戴手镯吗？不，那可是有机的。我为那个土豆花了不少钱。当然，我理解父母为什么这么做。很明显，父母已经厌倦了自己漂亮的女儿因为没长头发而被误认为是男孩。但问题是，我不认为这些宝宝是男孩。我猜她们是愤怒的女权主义者，我尊重她们。这样好不好？不如我们从一开始就不要把孩子们分成敌对的两队？不如我们给他们 7 到 10 年的时间，我也不知道这个时间够不够，让他们选择自己该站在哪一边？

汉娜 · 加兹比
（Hannah Gadsby）

大卫 · 查普尔
（Dave Chappelle）

《纳内特》后来赢得了艾美奖和皮博迪奖，并以“天才之作”的身份出现在国际新闻和深夜节目中，甚至《连线》杂志也发表了一篇题为“说真的，我们真的要谈谈《纳内特》”的文章，作者在文章中写道：

和你一样，我惊呆了，不知所措，完全摸不着头脑。但我要问的是：这算单口相声吗？我至少有两位朋友一直称它为“演讲”，让人觉得是在贬低它。其他人似乎更喜欢叫它“单人秀”。这种叫法可能更接近（不过，我们曾经说过“单人秀”吗？），但我仍然认为这是一部单口相声特辑。从某种意义上说，必须这么叫它，因为重点是，在表演中加兹比完全颠覆了单口相声。这场演出在很多方面都很适合我，最主要的一点可能是它是一种自我审视式的反喜剧。

近年来，单口相声的形式不断拓宽、深化和扩大。像加兹比这样的喜剧演员已经找到了归宿和听众，这要归功于数字平台非凡的内容扩散能力。在单口相声领域，没有比奈飞公司更强的投资者，也没有比丽莎·西村（Lisa Nishimura）更有力的支持者。作为原创纪录片和喜剧节目的副总裁，西村与杰瑞·宋飞（Jerry Seinfeld）和克里斯·洛克（Chris Rock）等一线明星签约，同时也支持黄阿丽（Ali Wong）和汉娜·加兹比等冉冉升起的新星。通过及时增加新内容，奈飞公司将单口相声特别节目带进了流行文化中心。

在节目运作的过程中，西村扮演了一个类似于博物馆艺术界策展人的角色：寻找、鉴别、支持那些才华横溢的艺术家的作品，并将其置于特定的环境中加以理解。将这些艺术作品展示给观众，让艺术家的想法能够在文化中传播并影响文化。西村把精力放在人物和故事上，让观众沉浸在喜悦与不安之间的空间中。这是一个观众必须有勇气经常到访的关键空间。

这通常涉及以新颖的方式使用奈飞公司著名的数据整合能力。

奈飞系统有超过 2000 个“口味群”，通过语调、音色和感受对内容进行衡量，以预测你登录网站想看什么……去年，奈飞的 1.3 亿订户中有 50% 的观众观看了一档单口相声特别节目，其中 1/3 的观众观看了三档这样的节目。

凭借这一系列反映我们这个时代的文化评论节目，西村成为头条新闻“奈飞公司的丽莎·西村是好莱坞最具影响力的亚裔美国人之一”的主角也就不足为奇了。

作为一种类型，单口相声已经取代了纪录片，成为如今节目制作中更复杂、更有想法、更以故事为基础的文化催化剂之一。

当这些形式处于最佳状态时，它们就是行动主义的媒介。它们为自我意识、变革性改变和替代未来的表达提出了未经过滤的论点。

西村阐释了只有纪录片导演和喜剧演员身上才有的好奇心和敏感性之间的优雅联系：

我发现最好的纪录片导演和喜剧演员无疑是你所见过的最聪明的人。他们的好奇心永不枯竭，他们不停地观察周围的世界。他们对任何表面的东西都不满意，他们想要了解意图是什么，这件事发生的原因是什么，那个原因的原因是什么，那个原因的原因的深层原因又是什么。纪录片导演和喜剧演员让人们进入一种独特的体验，帮助我们更好地了解世界。

西村在人物和他们开启的对话方面最重要的投资之一就是（之前）隐居的大卫·查普尔。在离开舞台 13 年之后，查普尔于 2016 年再次回到单口相声的舞台，这要归功于西村。

查普尔全力以赴，撕掉了贴在美国身份认同中最危险问题身上的创可贴：种族、贫困、暴力、性别认同、警察暴力、金钱。他似乎只满足于追逐开放性的话题。激起查普尔好奇心的是一个罕见的三要素组合：（1）他有勇气利用自己的平台去面对、挑战并积极地破除普遍持有的信念；（2）他对自己的传播媒介满怀尊重，并在这一媒介中进行实验；（3）他渴望通过强调当下生活的荒谬来塑造更美好的未来。

妮娜·西蒙（Nina Simone）有句名言：

艺术家的职责是反映时代。

查普尔没有让我们失望。他是一位角斗士，是来战斗的，这是一场文化话语的较量。

一名警察在明尼阿波利斯谋杀了乔治·弗洛伊德（George Floyd），12 天后，大卫·查普尔在他的家乡俄亥俄州黄泉市的一片玉米地里主持了一场演出。他演出的标题是“8 分 46 秒”，指的是那个警察用膝盖顶在弗洛伊德脖子上的时间，这最终导致了弗洛伊德的死亡。查普尔一遍又一遍地重复这组数字，将其置于新情境中，一直停在这组数字上，提醒我们这段时间到底有多长。

在“8 分 46 秒”这场表演中，查普尔为失谐理论提供了一个教科书般的例子。首先，他慢慢地用 1994 年南加州北岭地震的亲身经历吸引了我们的注意力，那场可怕的地震让他陷入恐慌，以为自己命不久矣。他不慌不忙地将自己做过的每件事按顺序列了一遍——把恐慌的时间拉长成慢动作的记录。在演出的结尾，查普尔提醒我们，在距离死亡不到 35 秒的时间里，他做了多少事，思考了多少事，经历了多少事。然后，出人意料的点睛妙语出现了，查普尔改变了语调，向观众传达了一种危言耸听的紧迫感：

这个人用膝盖顶住另一个人的脖子，居然长达 8 分 46 秒！你们能想象吗？这孩子以为他要死了。他知道自己快死了。他叫着自己的妈妈。他叫着已去世的妈妈。这个场面我这辈子只见过一次。我的父亲在他弥留之际，喊着我祖母的名字。当我看录像带的时候，我明白这个人知道他会死。大家都看见了。有人把这拍了下来。出于某种原因，我还是不明白，所有这些该死的警察都把手插在口袋里。你们这些警察在跟谁说话？你是什么意思，你跪在一个男人的脖子上整整8分46秒，还觉得上帝不会迁怒于你？

这是最高阶的失谐理论。不是一句俏皮话，而是查普尔举止行为的完全转变。查普尔的这种表演风格介于教堂布道、政治集会和宣泄自己的痛苦之间。我们在节目中清晰地看到，我们对世界的虚构认知与真实世界不一致。查普尔似乎沉浸在这种调和中；他提高声音、站起身来表达他想表达的基本信息：你们难道没有看到我所看到的吗？我们普遍持有的信念是有缺陷的，这还不明显吗？“8分46秒”可能是查普尔主持过的最重要的谈话节目。

就像汉娜·加兹比的《纳内特》一样，人们不太确定该如何理解它。是喜剧还是讽刺剧？当然，两者兼而有之。这就是“极度好奇”的特点。它们拒绝归类，将语言、类型学和文化表达类型混合在一起。

《纽约客》上的一篇评论试图定位这种混合艺术风格，但最终给予了它最充分的理解：

如果作为一个研讨会，“8分46秒”是最具影响力的。查普尔正是这样宣布的，要时不时给观众测测体温（当然，这只是打个比方。尽管视频开头的辅助镜头显示，与会者排队用额头温度计进行“体温检查”）。他全身心地投入在那未经尝试的表演中。查普尔在节目开始时是这样说的：“要想知道这玩意儿是否管用，唯一的办法就是做完这该死的节目。”他让观众有机会看到一个标志性的美国喜剧演员费力地讲述一个复杂的事件，这件事太直接了——事件的另一面我们还无法察觉，而且无论如何也没有给规矩留有任何余地。“我们将保持这个开放空间——这是公民话语的最后据点。”

2019 年，约翰·肯尼迪表演艺术中心授予大卫·查普尔“马克·吐温奖”，这是一项终身成就奖，也是美国政府向喜剧演员颁发的最高荣誉；在他之前，理查德·普赖尔（Richard Pryor）、乔治·卡林（George Carlin）和卡洛尔·伯纳特（Carol Burnett）等传奇人物都曾获此殊荣。电视直播的颁奖仪式让人们对查普尔创作的作品以及他对文化的独特影响有了深刻的认识。在“马克·吐温奖”特别奖项的获奖感言中，查普尔回顾了他将喜剧视为行动主义的经历：

> 每个人都因为我讲了这些笑话而生我的气，但你知道现在是讲这些笑话的最佳时机。现在的我们比以往任何时候都更有责任畅所欲言。否则，我的孩子们可能永远都不会知道畅所欲言是什么意思。这就是犯错的乐趣。

表达、探索和试验危险想法的工作不适合胆小的人。公民话语的最后一个据点就包括犯错的乐趣。话语可能是混乱而复杂的。不仅如此，它也应该是混乱而复杂的。面对并挑战遗产叙事的行为可能充满摩擦，但新的叙事方式就是这样诞生的。

在商业领域，可以在“快速失败”的概念中找到一个推论——敦促原型迭代，以此来推动学习，恢复这些见解，并改进产品和服务更快地向前发展。从理论上讲，这种商业领导力值得钦佩。在实践中，它往往没有抓住要点，因为企业已经建立了复杂的安全网，以确保不会出现任何真正的风险。这样做的结果是，真正能学到的东西很少、真正能获得的提升也很有限。商界领袖经常吹嘘的“大胆创新”往往比他们认为的更安全，他们也没有自己以为的那么勇敢。对于许多企业来说，任何对常态的中断必定是鲁莽的，而一旦中断，他们就错过了创新。创新不是一种微调；创新是新叙事的诞生。

但与大多数商界领袖不同，查普尔愿意孤注一掷。不管付出什么代价，他都愿意坚持一个想法。他愿意在危险的领域起舞，以激发和挑起进一步的对话和成长。他还愿意犯错。我们可以从查普尔这种特殊形式的鲁莽中学到很多东西，从而引发我们进一步的学习。

讽刺的是，查普尔并不是真的鲁莽。他的方法比他所透露的要精确得多。

在这期特别节目之后，查普尔反思道：

> **这是圣地。对我来说，现场喜剧是世界上最不可思议的事——你像角斗士一样站在舞台上。只有这个时候我才感觉自己像自己。**

站在这个神圣的舞台上，望向观众的海洋，是一种独特的体验。同时，这是一场私密的战斗，因为你独自一人站在舞台上；但又是一场公开的战斗，因为你将自己完全暴露在他人眼前。辩论是一种与另一个演员对话的正式交流，而单口相声本质上是与你自己对话。这是一种扩展假设。与典型的讲座、演讲，或者和 TED 形式的演讲相比，单口相声有着不同的结构，与观众建立了不同的联系。作为独白，它提供了令人难以置信的时长，以一种故意挑衅的方式来解决问题、扩展思想的边界。

具有讽刺意味的是，2021 年秋，查普尔和加兹比在争论奈飞公司对查普尔在他最近的特别节目《罪案终结》中不断插入的跨性别笑话的笨拙处理引发的争议。奈飞公司的首席执行官在为公司不撤下查普尔的特别节目辩护时引用了加兹比的话，加兹比在“照片墙”上发帖称查普尔的叙事是一种“情感发育不良的片面世界观”。海伦·刘易斯（Helen Lewis）在《大西洋月刊》上发表了一篇名为《大卫·查普尔的罗夏墨迹测验》（*Dave Chappelle's Rorschach Test*）的文章，她在文中写道：

> 对《罪案终结》的负面反应主要集中在查普尔对LGBTQ[①]族群的评论上。查普尔一直很清楚他用这些材料提出的政治观点：短短几年，同性恋和跨性别权利运动获得了美国黑人经过几十年的斗争都未能赢得的那种文化否决权。在查普尔的讲述中，没有其他运动具有如此强大的力量。说唱歌手DaBaby因发表有关艾滋病的言论而遭谴责，他曾在沃尔玛卷入一名黑人男子被枪杀的事件。（他没有因这起死亡事件受指控，但因携带隐藏武器被判有罪。）查普尔说：“他的职业生涯没受什么影响，你懂我的意思吗？”查普尔说，在美国，你可以开枪打死黑人，“但你最好不要伤害同性恋者的感情”。

不计后果的交谈所造成的摩擦和带来的伤害是真实存在的。查普尔正在为刘易斯所说的“痛苦等级”建立一个框架。在美国社会，对意识形态、偏见和暴力虐待的受害者进行排名是一粒不大好咽的药丸。

查普尔到底是对是错已不是问题的关键，而是为什么像查普尔

① LGBTQ代表着Lesbian（女同性恋者）、Gay（男同性恋者）、Bisexual（双性恋者）、Transgender（跨性别者）和Queer（酷儿）群体。——译者注

这样的单口相声演员在辩论中拥有如此大的权力，历史上这些辩论一直活跃在公民社会领域。为什么其他的辩论论坛如此无效，以至于能邀请并引发数百万人参与对话的是单口相声的角斗士？喜剧演员产生了巨大的文化影响力，而 77% 的千禧一代却说不出自己所在州的参议员的名字，这本身就表明了一种颠覆性的叙事。

你是否同意查普尔的观点并不重要，重要的是他的努力让我们有了这次对话。如果我们仔细听完这 72 分钟，我们可能会发现，查普尔的智力体操已经把被动的娱乐变成了一种激进的行动主义，邀请人们进入激进的好奇心的世界。加兹比和查普尔正在分享创造了他们生活的世界的遗产叙事，这个世界产生了非常真实又极为痛苦的生活经历。加兹比和查普尔表达这些叙事的能力，以及让我们参与颠覆这些叙事的能力，为新叙事的出现创造了可能性。

除了逗乐，他们还想通过大声说出人们普遍持有的信念来挑战它们。让他们的故事为人所知而不是私下流传。

我们需要像大卫·查普尔和汉娜·加兹比这样的人作为引导我们的角斗士，帮助我们命名和应对那些仍然存在于世界上的遗产叙事的荒谬。

设计激发潜能的工作环境

我们如何设计空间和环境，好让人类的潜能得以充分发挥？我们必须接受单调乏味是现代工作中不可避免的特征，还是可以选择将惊喜和快乐带进工作中？

对21世纪的组织机构而言，最关键的资产是人。

没有人比苹果公司的人力资本设计师丹·沃克（Dan Walker）更支持这一理念了。他的外貌就足以让人敬而远之。丹身高六英尺[①]三英寸，体格壮硕。他的沉着自信感染了周围的每一个人。我们中的许多人认为人力资源的工作只是管理工资、福利、事务性招聘以及审查简历。可丹花了30多年的时间，从根本上重新塑造了人力资源部的角色，使其成为组织机构转型的核心力量——将一个经常消失在背景中的元素引入商业和文化的前沿。他的使命是将人力资源重新定义为他所谓的“一线产品运营，而不是管理员工”。丹认为人才本身就是一种产品，比正在销售的实际产品或服务更重要，在他的职业生涯中他一直在帮助公司“用过剩的非凡人才推动企业发展”。在苹果公司“史蒂夫·乔布斯第二次统治”的早期，丹担任首席人才官时正是这么做的。

① 1英尺≈0.3048米

第一次见面时，我怀着敬畏的心情坐在那儿，听丹讲述如何组建团队，后来创建了 iTunes。在丹将音乐作为一项战略明确阐述出来之前，我就已经预料到乔布斯对音乐的兴趣会日益浓厚。在丹位于圣克莱门特的家中，我们通过多次交谈建立了友谊，至今他屋内的画架板上仍然写着“天才吧”的最初构想：这是一系列研讨会的成果，正是这些研讨会让历史上最成功的零售业务之一成为现实。下面我就来说说当时这个房间里究竟发生了什么。

丹·沃克在我最需要的时候给了我慷慨的指导。当我成立自己的设计工作室时，是丹把我介绍给我的第一位客户丹尼斯·杨·史密斯（Denise Young Smith）——丹的门生，负责苹果全球零售店的人力资源。丹尼斯就是丹所说的“过剩的非凡人才”的典型代表。作为一名职业歌手，她会认真倾听，并通过倾听别人听不到的东西来展现自己的存在。丹的介绍使我与丹尼斯结下了终生的友谊，同时也促成了一系列的项目，这些项目帮助我确定了设计工作室的发展轨迹，并使我的方法更加成熟，将设计作为一种社会语言来帮助组织文化活跃起来。

2011 年 10 月 4 日，在我第一次联系丹尼斯时，我们探讨了一个项目，对苹果专卖店员工体验的 DNA 进行编码。就在第二天，乔布斯去世了。

我们的项目调查比以往任何时候都重要。

我们成立了“创新委员会”——由来自公司不同部门的经验丰富的新兴领导者组成——我们召集委员会成员进行设计思维调查，对员工体验进行规范化、信息提供和明确表述。这个过程意味着看到现在是什么，想象未来可能是什么。让人们更清晰地看到创新的机会和空间，以推动苹果专卖店未来的工作状态。我们将这个项目作为一系列高管教育沉浸式课程，其作用就像一个以人为本的研发实验室，同时还是一个实时的、迭代的、全面的员工体验视图。

对苹果公司来说，这是一个飞速发展的时期。2009 年至 2012 年，新开了 117 家苹果专卖店。苹果公司在两年内扩大了 240%，在 2010 年至 2012 年期间增加了近 1000 亿美元的收入：这个变化商数比世界上近 100 个国家的国内生产总值（GDP）还要大。

在公司的各个角落，员工都在做着他们一生中最好的工作。然而，公司的扩大、规模以及公司领导者的期望都超出了通常的衡量标准。当人们的卓越工作水平没有得到认可、尊重和赞扬时，总会出现危险，即活力将被扑灭。这是与活力有关的一件趣事。我们需要活力，我们渴望活力，当活力出现时，我们却很少留意和颂扬。然而，公司赞扬活力的频率与活力出现的频率之间存在直接关联。那么，为什么这么多的组织文化不允许活力存在，或者说，不允许大家活跃起来呢？丹尼斯就致力于发现活力。

看到并认识到日常工作中活力的重要性，是我在苹果公司工作期间学到的最深刻的教训之一。丹尼斯善于观察人，发现他们的贡献，并记下他们的活力。

在这个被称为“大辞职”的时代，在我们从根本上对关于工作目的和价值主张的社会契约进行重新谈判时，我们需要新的语言来表达和赞扬人们何时以及如何在工作中活跃起来。

当人们称赞苹果公司时——无论是其设计流畅的设备和界面，顺畅的客户体验，还是年复一年推出创新产品的能力——通常都会提到史蒂夫·乔布斯无与伦比的天才。然而，人们却很少对成千上万有才华、敬业的员工表达这样的敬意，这些员工正在努力将乔布斯的大胆愿景变为现实。为了寻找合适的话语来赞美那些每天都在工作职责之外努力付出的员工，我们无意中发现了一篇名为“你难以捉摸的创造力”（*Your Elusive Creative Genius*）的 TED 演讲，演讲者正是畅销回忆录《美食、祈祷、恋爱》（*Eat, Pray, Love*）的作者伊丽莎白·吉尔伯特（Elizabeth Gilbert）。在演讲的最后，吉尔伯特描述了几个世纪前，在北非沙漠中，人们常常聚在一起，在月光下跳舞一直到黎明的场景。

她接着讲述了罕见的情形，“其中一位表演者实际上会变得超越常人……他从内部被点燃，从下面被点燃，他所有的一切都被神性点燃”，人群会高呼“安拉，安拉，安拉，上帝，上帝，上帝”。然后，吉尔伯特分享了一个历史脚注：

> 当摩尔人入侵西班牙南部时，他们接受了这个习俗，几个世纪以来，发音从“安拉，安拉，安拉”变成了“乌拉，乌拉，乌拉”，你仍然可以在斗牛和弗拉门戈舞中听到这个发音。在西班牙，当表演者完成了不可思议的魔术时，便会传来这样的喝彩声“安拉，乌拉，乌拉，安拉，了不起，真精彩”，无法理解吧，这就是上帝的一瞥。

当我们听到这句话时，“乌拉”成为我们用在苹果公司身上的词儿。简单、精致、纯粹。这是一个意味深长的举动，向卓越致敬，向卓越说“太棒了”。“乌拉”很快就成了一个代名词，用来承认员工做了“不可思议的神奇”之事，并让他们知道，他们所做的一切我们都看在眼里。一个意想不到的活力时刻在平凡的仪式中获得了蓬勃发展。

体验设计师的主要动机就是设计能够激发人类潜能的空间和环境。问题是，工作场所总是被业务塞满，总之一句话，无聊。遗产叙事、约束和信息强化了生产经济中没有灵魂的自动驾驶仪。我们都知道这句话——“这真是个苦差事”。我们接受这种单调乏味吗？或者我们能给工作中最意想不到的例行公事带来一点惊喜和快乐吗？我们如何创造空间，让体验变得不同凡响？一个参加委员会会议的邀请怎么才能变得令人愉快，就像威利·旺卡的金奖券？

给员工体验的机会就是将平凡重新设计成辉煌。

这就是我们这个项目要达成的目标。丹尼斯仔细挑选了她的创新委员会成员后，我们希望邀请函本身就能体现出设计所能提供的最佳体验。在这样一个意料之中的仪式中，一些意想不到的东西可以增加神秘感和复杂性，还可以促进参与，并让人们接受设计中考虑到的不确定性。我们要做的事只有一件：把加入创新委员会的邀请函设计成金奖券巧克力棒。

威利·旺卡已经成了活力的化身。这个锚定的印记意味着活力所能达到的最荒诞的水平。毕竟，这个男人住在流淌着巧克力河的糖果工厂里，身着天鹅绒燕尾服在他的糖果花园里漫步。威利·旺卡是这样说的：

如果上帝想让我们走路，他就不会发明旱冰鞋了。

演员吉恩·怀尔德（Gene Wilder）在出演最后一部电影22年之后，很罕见地在纽约曼哈顿上东区的文化中心"92街Y"接受了一次采访，被问及他扮演的标志性角色威利·旺卡。怀尔德讲了自己在第一次阅读剧本后与导演梅尔·斯图尔特（Mel Stuart）的对话。怀尔德告诉斯图尔特：

> 好是好，但是少了点什么。如果让我演，我会拿着手杖出来。（表演中）我的腿出了毛病，然后慢慢地走下楼梯，再将手杖插进一块砖里，然后站起来，紧接着摔倒，打滚，然后他们都会笑着鼓掌。

在影片中他就是这样出场的。这就是他给我们的第一印象。影片开始 44 分钟后，怀尔德出场了，故意颠覆了观众的预期。通过角色的迷失状态，我们才能对角色有所了解。此处传达的信息是：事情并不是表面看上去的那样。

这是我们作为真理的提问者和替代可能性的展示者希望在创新委员会中灌输的心态。金奖券意在传达，即使是在潜意识里，接下来会发生的事也是不确定的，也可能让人迷失方向，但肯定不会平淡无奇。当我们强调这次聚会的重要性时，我们看到了你。我们感谢你。你如此非凡卓越，因此我们邀请你做非凡之事。一张金奖券是对人类潜能实现的颂扬。

当事物身处与它们原本样貌大相径庭的空间，想法就活起来了。

苹果专卖店历来信奉一种信条，一种诗意的宣言，并将这种感性带到了员工体验中心。这信条中有一句是这样写的："我们是一个社会，在这个社会中，良好的关系、开放式的沟通、学习、领导和成长都是为了让我们的生活更丰富。"换句话说，苹果公司将员工体验提升为一项事业：这不仅是做生意的一个方面，也是一项明确的社会项目。

2016 年，吉恩·怀尔德因阿尔茨海默病并发症去世，他的家人发表了以下声明：

> 他决定等到这个时候才公布自己的病情，并不是出于虚荣心，而是为了让那些会对他微笑或冲他喊出"那是威利·旺卡"的无数孩子们，不会因一个成年人说自己生病或遇到麻烦，而把快乐变为担忧、失望或困惑。他简直无法忍受世界上的微笑又少了一个。

威利·旺卡的去世也让我们增长了智慧。这是一个充满人文关怀的无声的英雄姿态。我在苹果公司学到的是，每天都有机会表现出人文关怀的英雄姿态。事实上，我们可以围绕这样的智慧来建立组织文化。当一个组织的主要目标是金钱时，它会设计一种客户体验来获取金钱。当一个组织的主要关注点是通过人文关怀创造非凡的价值时，它设计的员工体验自然会传递客户体验。员工体验和客户体验的相互反映和相互告知会产生大量的微笑。真正的价值、真正的快乐、真正的关心总会产生收益。能够设计出充满关怀的组织是具有领导力的有力体现。

未来时代我们的主要任务是重塑责任感，摆脱以自我为中心，

学会对宇宙万物心怀谦卑和尊重。

自然

散步不仅能够让心灵得到放松，还能在无形中打破社会地位壁垒，拉近彼此的距离，增进信任。同时，这种多感官的沉浸体验可以有效地屏蔽外界的干扰，让陪伴更加纯粹和深入。

尊重、谦逊与敬畏

如何定义人类与自然界的关系？如果将人类的生存与生态环境结合起来，我们的日常生活、商业模式和决策制定将如何演变？如果我们作为这个星球的客人，而不是自封的主人，是否能培养出一种更强的谦逊意识？

当遗产叙事不受质疑时，它们可能会产生有害的影响。如果长期不进行干预的话，人类与自然界的关系会是最危险的遗产叙事之一：在这种关系中，我们与生命系统分离，并支配着生命系统，因此有权肆无忌惮地向生命系统索取。然而，我们是自然界的一部分，是不能脱离自然界的。人类对生命系统的控制是对我们生态可持续性的最大威胁。

我们现在对气候变化的科学有了不少了解。希瑟·阿尔伯罗（Heather Alberro）追溯了人类在历史进程中是如何融入又脱离自然的，这一鲜明的提醒令人震惊：人类是多么容易陷入自然叙事，而后又与之脱离。

尽管对历史的描述复杂多样，但西方文化中人类与自然的普遍分离始于2000年前，可追溯至几个关键的历史发展期。它们通常认为神圣的东西在自然界中无处不在，而人类则完全深陷其中。

17 世纪早期，法国现代哲学之父勒内·笛卡尔将世界划分为精神领域和无生命的物质领域。作为唯一的理性生物，笛卡尔认为人类完全独立于自然和非人类动物之上，而非人类动物只被看作无意识的机器，可以随意控制和利用。

我们倾向于将当前的叙事合理化。但当我们用新的眼光，带着好奇心去审视这些叙事时，我们就有能力质疑它们，将它们作为一种认知框架，告诉我们如何看待自己，以及需要什么来重新认识自己。我们迫切需要重新想象一个故事，在这个故事中，人类只是众多利益相关者中的一个，与一个更大的整体纠缠在一起。这样的叙事乍一看似乎不合理，因为它们违背了西方存在主义的普遍信念。但很多非西方世界的人对人类和自然有着不同的叙事。利亚·彭尼曼（Leah Penniman）写了一篇关于非洲土著生活习俗的文章，这些习俗挑战了人类凌驾于自然界之上的观念。她回忆起一个鼓舞人心的故事：

她听到了一个关于我们的散居与土地关系的传闻，这使她特别兴奋。她难以置信地告诫我说："在美国，一个农民把种子种在地里，不洒酒祭奠、不祈祷、不唱歌、不跳舞，就指望它发芽，这是真的吗？"我羞愧地沉默不语，她接着说："这就是你们得病的原因！因为你们把地球看成是一个东西，而不是一个生命。"

为了在对抗气候变化的斗争中取得重大进展，我们需要对西方的叙事进行改写。这不仅是一个科学挑战，也是一个人文挑战。这个问题的解决可能不是我们向大气中排放了多少碳，我们使用了多少自然资源，我们消耗了多少水，或者我们能给自己和子孙后代留下多少资源的问题。这些基本问题可能会迫使我们深入挖掘，挑战支配我们生活方式的心理模型。如果我们不愿意重新审视我们的信念，我们就无法改变自己的行为。

至于能留下多少，答案再清楚不过。事实上，我们进行相当精准的测量。我们有办法量化地球上的水井干涸的速度。例如，“地球超载日”就是一个年度里程碑：在这一天，人类消耗的生态资源超过了地球在年底可以再生的资源。就像透支的银行账户一样，只是在“地球超载日”，出现赤字的是自然资源而不是美元。全球足迹网络（Global Footprint Network）是一家国际研究组织，为决策者提供一系列工具，帮助人类经济在地球的生态极限内运行，近年来，我们消耗资源的速度是地球再生资源速度的 1.75 倍。我们生活在一个永远透支的状态中。

但光会算还不够。我们需要的不是一场宣传活动，我们需要的是谦逊意识。

当我们将自己看作比自己大得多的生命系统的依赖者，而不是中心时，我们就会感到自己的渺小。不是微不足道，而是渺小，这种渺小唤起了我们所说的谦逊。

1995 年，捷克政治家、环保主义者瓦茨拉夫·哈维尔（Václav Havel）在哈佛大学毕业典礼上发表了一篇演讲，这篇演讲后来以“人类责任的彻底更新”（Radical Renewal of Human Responsibility）为题发表，呼吁人们要有一种“新的谦逊”：

未来时代的主要任务是彻底更新我们的责任感。我们的良知必须赶上我们的理性，否则我们就会迷失。我深信，只有一种方法可以实现这一目标：我们必须摆脱以自我为中心的人类中心主义，改掉将自己视为宇宙主宰、可以为所欲为的习惯。我们必须发现对超越我们的事物的一种新的尊重：对宇宙的尊重、对地球的尊重、对自然的尊重、对生命的尊重、对现实的尊重。我们对他人、对其他国家和其他文化的尊重，只能来自对宇宙秩序的谦逊的尊重，来自意识到我们是宇宙秩序的一部分、意识到我们在其中分担了一份责任、意识到我们所做的一切都不会失去，而是成为存在的永恒记忆的一部分，并在那里接受评判。

当我们的存在只是地球雷达上的一个小光点时，人类狂妄自大地认为我们就是地球的中心，这是多么可笑。试想一下，如果地球的历史被压缩到 24 个小时，那么人类只存在了一秒。

科学家使用一种时间顺序系统来描述历史事件间的关系，历史上的每一章都被视为一个时代。最近，科学家们提出，我们已经进入一个新的时代：这一时期，人类活动已成为气候和环境的主要影响因素。莱斯特大学（University of Leicester）地质学家、人类世工作组主席扬·扎拉斯维奇（Jan Zalasiewicz）教授说："人类世的意义在于，它为地球系统设定了一条不同的轨迹，而我们当然是地球系统的一部分。"诺贝尔奖得主保罗·克鲁岑（Paul Crutzen）认为，将这个新时代命名为"人类世"（Anthropocene）（来自希腊语 anthropos，意为"人类"，cene 意为"新的"或"最近的"），强调了人类作为地球管家的巨大责任。

改写气候叙事需要我们的组织机构和企业做出大规模的改

变。欧柏林大学（Oberlin College）保罗·西尔斯环境研究特聘教授、政治学荣誉教授大卫·奥尔（David Orr）提出了一个重要问题：

我们能否想象这样一种教育：它不会以人类统治的名义使我们与生活疏远，不将情感与智力分离，也不磨灭我们对世界的好奇。

像IDEO这样的公司已经为所谓的“以人为本的设计”开发出了专门的语言，这就是促进社会公益的具体行动。但以人为本的设计有其局限性，关于人类主导地位的新对话正在展开。设计领域已经从以产品为中心转变为以用户为中心。但新的问题出现了，是否应该有一个单独的利益相关者成为中心。因此，一种新的、以环境为中心的去中心化的设计模式正在兴起，该运动的领导者、设计师莫妮卡·斯内尔（Monika Sznel）将其描述为：

一种产品或服务开发的方法，旨在通过关注目标受众和非人类战略利益相关者的需求、局限和偏好，使产品或服务在环境、社会和经济上实现可持续发展。它涉及以人为本的设计、可用性、生态学和可持续性科学的交叉领域发展的知识和设计技术。

在他的研究项目、博物馆巡回展和畅销书《巨变》（*Massive Change*）中，布鲁斯·茅引用了历史学家阿诺德·汤因比（Arnold Toynbee）的话：“20世纪将主要被后代铭记，不是因为它是一个政治冲突或技术发明的时代，而是因为它敢于将全人类的福祉视为目标。”有一次，布鲁斯在温哥华美术馆展示这些想法，一个当地的高中生站出来向他发起挑战，要求他将“全人类”换成“所有生命”。

我们需要新的叙事去重新想象人类的身份与我们生命系统的内在联系。如果我们从根本上与生态环境相融，我们的日常生活、商业模式和决策将如何演变？作为这个星球的客人，而不是自封的主人，我们是否能培养出一种更强的谦逊意识？

我们迫切需要进行这种重构。疫情的出现进一步证明，我们的遗产叙事正在让我们付出沉重的代价。《卫报》的一篇文章指出：联合国环境署署长和一位著名经济学家表示，疫情是“向人类事业发出的求救信号”，目前的经济观念没有认识到人类的财富取决于自然的健康。

文章还引用了联合国生物多样性公约负责人伊丽莎白·姆雷玛（Elizabeth Maruma Mrema）、世界卫生组织环境与健康主任玛丽亚·内拉（Maria Neira），以及世界野生动物基金会主席马尔科·兰伯蒂尼（Marco Lambertini）的话：

> “多年来，我们目睹了许多疾病的出现，如寨卡病毒、艾滋病、非典和埃博拉病毒，它们都起源于严重环境压力下的动物种群。”……他们说，“疫情的暴发是我们与自然界不平衡关系的表现。这些疾病的出现都表明，我们对自然界的破坏行为正在危及我们自己的健康——几十年来却一直忽视了这一严峻的现实”。

大自然是我们生存的基础。我们要对周围生命的多样性充满敬畏。这种敬畏提醒我们，我们是比自己更大的世界的一部分。谦逊是一座肥沃的花园，好奇心会在其中生长。我们要对我们与地球的关系保持积极的好奇，不仅是因为我们生活在地球上，而是因为大自然激发了我们最好的一面。

以人类为中心的设计

以生态系统为中心的设计

散步也可以充满激情

如何赢得当地人的信任？当我们与他人一同散步时，我们是否充分体会到了散步所产生的魔力？对于现代经济中被低估的资产之一——慢时间，我们是否进行了充分的投资？

我走来走去，紧张地在一个我从来没有想到会来的地方来回踱步。给一群我从没想过会与之对话的观众做演讲。应“创新远征”创始人唐·辛普森（Don Simpson）的邀请，我将在加拿大卡尔加里的石油俱乐部举办的一次特别午宴上发表主旨演讲。我之所以来回踱步是为了增强我的决心和信心，好对在场的60多位石油公司高管说些什么。

加拿大阿尔伯塔省的油砂是继委内瑞拉、沙特阿拉伯和伊朗之后的世界第四大石油产区，其储量约相当于1650亿桶。根据石油价格的波动，阿尔伯塔省石油储备的总经济价值可能超过1万亿美元。这些石油资源大多分布在伍德布法罗自治区内，这个自治区是由一个市长和一个议会领导的小城镇。该地区占地近2.4万平方英里。从面积上比较，我的家乡罗得岛州的土地面积只有1000多平方英里。

午宴是在相对较近的卡尔加里市举行的。卡尔加里常被称为“加拿大的休斯敦”，因为大约有100家石油和天然气公司在该市设有总部或地区办事处。我来这里是为了帮助与会的高管就他们正在承担的人类历史上最大的工业项目所面临的史诗般的挑战提出一些基本问题。

我走上讲台。

我演讲的前半部分是背景故事。我带领观众四处漫步。我的幻灯片上字不多，主要是大量的高分辨率照片。我在餐桌间穿行，打破了传统的演讲形式。

很快就到了演讲的后半部分。下一张幻灯片展示的是逐渐逼近观众的达斯·维德（Darth Vader）的形象。我停顿了一下，对宴会厅里的来宾说:“世界就是这样看待我们的。问题是，我不认为各位中的任何一个人在早上醒来时会试图伤害地球、伤害你的社区，或者伤害自己孩子的未来。我想看看我们怎样共同努力弄清楚这一切。”

我和伍德布法罗的爱情就这样开始了。它有加拿大最大的国家公园，也是世界上第二大受保护的公园：面积比整个瑞士还大。

几个月后，我将飞往距达斯维德石油俱乐部以北 462 英里的伍德布法罗最大的城镇——麦克默里堡。

麦克默里堡镇是个难以形容的地方。它的一部分是钻井小镇，诞生于工业巨头石油行业的爆炸式增长期。麦克默里堡镇被称为现代的“朽木”，它却有一种令人向往的美，无论是在小镇居民的精神层面，还是在自然界展示的壮丽奇景中。这里的森林广阔到让你无法呼吸。阿迪朗达克的森林是我长大的地方，森林对我来说意义特别。但这儿的森林让我感觉不一样。不是因为它的面积是阿迪朗达克 600 万英亩森林的三倍，而是因为它太偏远，人迹罕至，就好像我们身处《权力的游戏》（*Game of Thrones*）的高墙之外。我不得不坐上直升机，在我同行的伙伴唐·辛普森的安排下，去体验森林的浩瀚。

在接下来的两年四个月里，我去了伍德布法罗 12 次以上，一去就是一个多星期。我的工作室开始了一个名为“Nexus North”的项目，它利用设计思维、社会创新和社区组织的语言来动员多方利益相关者通力合作，旨在为该地区带来一种新的可持续发展模式。这是一个千载难逢且相当大胆的目标，每一个转折点都会遇到棘手的挑战。

我们怎样才能既保护环境，又保护那些以这里为家的人们呢？这些叙事彼此冲突吗？我们如何创造空间让原住民社区的声音被听到，确保他们的经历会塑造这片土地未来的愿景？在一个与流动劳动力做斗争的社会，成千上万的利益相关者不断从世界各地飞到这儿来，我怎么能证明我不是另一个为了发薪日而来的顾问？这些只是我在多次到访伍德布法罗时想努力解决的问题中的几个。

但大多数时候，我都是在散步。

在我的设计工作室里有这样一种说法：“慢下来，为的是快起来。”现代生活无情地敦促我们采取行动、解决问题、取得胜利、做出草率的决定，结果是速度胜过质量。对速度痴迷的典型后果就是对错误问题的回答。短期内提供的价值是具有欺骗性的，随着时间的推移，只会让我们付出更大的代价。我们需要提前做好放慢投资的准备，提出正确的问题，从而得出一个有弹性的解决方案。

散步能让事情慢下来。散步是一种以思想的速度移动的方式。在一个充满如此多矛盾的地方，我们需要思想。这里既能创造惊人的财富，同时又能让人沉溺其中。这里的自然资源被人类夺走，但对自然的敬畏还在，这儿离北极光如此之近，好像伸出手就能在发光的天空中触碰它们一样。

我一边走，一边看，一边听。我试着打下信任的基础。然后我会等它凝固，涂上脆弱的一层，再涂一层，慢慢地摆脱这个局外人的身份。

正如“紧急网”（Emergence Network）尼日利亚的首席策展人巴约·阿库莫罗芬（Bayo Akomolafe）在一篇名为《缓慢的紧迫性》（*A Slower Urgency*）的文章中所说的：

> 因此，慢下来就是在我们不习惯的地方逗留。要寻找新问题。要对表象之下的东西负责。要追根溯源。慢下来就是关照不散的阴魂、拥抱怪物、分享沉默、接纳怪异……慢下来不是为了得到答案，而是为了对我们的问题提出疑问。

我欣然接受了在伍德布法罗的工作。不是因为我支持石油产业，而是因为我支持提出新问题。我支持去寻一个地方的根，支持对这个地方负起责任。如果我们在一个地方寻求改变，有时我们需要回到原点，脚踏实地地充分调查，与那些我们认为是达斯·维德的人一起散步。有时我们需要和怪物拥抱。

我当时并不了解阿库莫罗芬的心声。我希望自己能了解。但留在伍德布法罗是个明智的决定。同样明智的还有向我睿智的合作伙伴唐·辛普森请教，这位 80 岁的老人一生都在几十个国家奔走，与当地的社区建立信任关系，共同完成比它们自己更重要的事情。我俩年龄相差将近半个世纪，唐是 Nexus North 项目倡议的代际联合主席，我们走进伍德布法罗地区市政委员会，提议当地政府加入 Nexus North 项目，成为其成员。这样一来他们就将自己置于对话的中心，而不是把自己的发言权让给向南 462 英里的卡尔加里的商界领袖。

唐和我向市长梅利莎·布莱克（Melissa Blake）提出了这个想法，在伍德布法罗发展的历史中有一半的时间都是在她的领导下。几个月后，布莱克市长和另外两名议员在硅谷以南的加州圣克鲁斯山脉附近加入我们的活动，与其他 40 名利益相关者一起参加了为期三天的创意沙龙。我和布莱克市长正是在这儿一起散步——既是字面意思，也有比喻意义——以寻找新思维。

多年来，我逐渐明白了在散步中交谈的力量。但我指的并不是从 A 点匆匆走到 B 点过程中进行的谈话。丽贝卡·索尔尼（Rebecca Solnit）是一位罕见的知识分子，在她的《浪游之歌：散步的历史》（*Wanderlust: A History of Walking*）一书中，丽贝卡对有意识的散步进行了精准的描述：

> 大多数时候散步是实用的，是两地之间不用考虑的移动方式。把散步变成一种调查、一种仪式、一种冥想，则是它的一项特殊功用，这与邮递员送信和职员赶火车的方式在生理上相似而在哲学上却不同。也就是说，从某种意义上讲，散步的主题是关于我们如何赋予普遍行为以特定意义。就像吃饭或呼吸，可以被赋予截然不同的文化含义，从色情的到精神的，从革命的到艺术的。这段历史由此开始成为想象史和文化史的一部分，成为不同时代不同类型的步行者追求何种快乐、何种自由和何种意义的一部分。

在这个凡事都要快节奏和注意力只能短暂集中的世界里，散步是一种激进的行为。生活中到处都是无休无止的分心，放慢时间并不容易。我们知道，作为一种锻炼方式，散步对我们的健康有益。但散步对我们整体健康和幸福的影响直到现在才被充分理解。事实上，医生正在开具一种新的社会行为处方，远远超出了我们通常对医学的认识。例如，苏格兰的医生从日本流行的“森林浴”中汲取灵感，结合医学的新方法，给病人开出了自然处方。

散步也是建立信任的环境。就像握手或鞠躬一样，与他人一起散步表示的是一种尊重。香港大学的一项新研究表明，并肩行走的具体动态有助于人们建立联系、信任和彼此的亲和力：

研究人员使用传感器对参与者的散步方式进行测量，发现参与者倾向于同步行走——彼此“步调一致”——即使彼此是陌生人，即使不允许彼此交谈。研究人员发现，参与者对同伴的印象在散步的第一段行程后变得更好——这只需要 3 分钟到 4 分半——即使彼此不能交谈。允许在回程中交谈的参与者则对对方的好感增加了。

距离我和布莱克市长散步的地方仅 28 英里处，是苹果公司在库比蒂诺的总部所在地，有一些相当著名的散步就发生在这儿。有充分的证据表明，史蒂夫·乔布斯就支持步行会议，并且经常在公司园区内闲逛，边散步边交谈。现在，乔布斯这一习惯背后的科学正在迎头赶上。在步行会议中，生理上发生的一些特殊变化往往会产生更高层次的结果。随着我们的身体参与到运动的节奏中，我们的思想也参与到谈话的主题中。这就好比如果我们的身体被占据，我们的思想却可以不被占据，并向一组更多的非线性联想开放一样。

边走边教的做法可以追溯至亚里士多德，他的学生被称为“逍遥学派”（Peripatetics），来自希腊语的动词“peripatein”，意思是“行走或漫步”，指的是亚里士多德一边和学生散步一边教学的做法。凯撒永久全面健康中心的前医学主任泰德·埃坦（Ted Eytan）博士表示，散步会触发特定神经化学物质的释放，这种物质有助于功能的执行，同时也是一种强大的建立联系的方式：可以打破阻碍思想和想法进行自由交流的身份障碍。

加州的创意沙龙运营了几个月后，我发现自己回到了麦克默里堡，花了足足超过 72 小时的时间，与布莱克市长和其他 40 人一起散步，他们让我对伍德布法罗的复杂现状有了深入的了解，要是没有他们我可能得花上好几年。

慢时间是一种被低估的货币。在一个时间就是金钱的经济环境中，对于如何赚取、转换和消费时间，我们并不擅长。

放慢速度是为了快起来。

布莱克市长生活在一个需要承受紧迫性的环境中。如果是为了完成工作，她愿意去散散步。

在麦克默里堡，新的大门已经打开。创意沙龙的成功，显然使我赢得了尊重。关于创意沙龙对那些出席者的意义的故事，正在小镇居民的闲谈中流传开来。我的新散步伙伴们正在敦促其他人与唐和我取得联系，一同探索 Nexus North 项目。

这次沙龙取得的一个成果就是与阿萨巴斯卡部落委员会的五大原住民酋长之一、来自奇佩温草原的弗恩·詹维尔（Vern Janvier）酋长的重要会面。和酋长坐下来会谈时，他的直率让我耳目一新。弗恩酋长直言不讳、勇敢地大声说出了我们许多人的想法、困惑和怀疑。他与我分享了他的人民所面临的挑战，这些紧急事件引发了土地权利被滥用和缺乏尊重的复杂问题。他质疑为什么我——作为一个白人，一个外来者，一个美国人——会出现在此地。很明显，在这次会面之前我不可能见到他。我花了 18 个月的时间放慢脚步，活在当下，在原地逗留，这让我有机会和弗恩酋长坐在一起，酋长还让我打电话给他。这可能是我一生中经历过的最针锋相对的一次交谈。这次交谈结束时，发生了一件不得了的事。

奇佩温草原的弗恩酋长邀我一起去散步。

大自然与好奇心的生长

自然界和好奇心之间的关系是怎样的？如何理解我们是自然界的一部分？大自然如何培养激进好奇心的敏感性？由于与城市的体验和价值不同，我们如何才能更好地理解乡村的体验和独特价值？

记得儿时的我总在试图找到自己的方向感。我问父母：“我们的家在斯凯勒瀑布。我在秘鲁学区上学。我的棒球队在莫里森维尔。但是我们的通信地址是普拉茨堡。那么，我们住在哪儿？”那时的我还不到 10 岁，能明白一个乡村的、区域性的、分散的身份，我的根在遥远的北方，我理解的“城市”是蒙特利尔，而不是纽约。15 年后，我回到尚普兰湖，在湖边娶了我的妻子。尚普兰湖仅次于五大湖，是纽约自己的尼斯湖水怪尚比的故乡。尚普兰湖坐落在佛蒙特州的格林山脉和纽约的阿迪朗达克山脉之间的山谷中。其间有无尽的空间适合漫步。

乡村说大也大、说小也小。大到秘鲁学区的面积一直延伸到很远的地方，对许多孩子来说，乘公交车去学校需要 40 分钟。小到我们毕业班的人数，才勉强超过 100 人。小到整个秘鲁学区的人口，只有 6985 人。从面积和我的印象来看，这里的农田广阔。秘鲁学区因其苹果园而闻名，数百英亩红绿相间的果树平行对称排列，一直点缀到地平线的边缘。

我爱上妻子的原因之一是她对树木的热爱。我在阿迪朗达克山脉长大，那里有600万英亩的树木，对我来说，森林就像空气：无处不在、无边无际，任何景色中都有它的身影，任何呼吸里都有它的气息。很难想象我会和树木分开；离开了树木，就像停止了呼吸。

这就是我童年的背景。这张视觉画布由树木的形象、溪流的线条组成，环绕着巨砾和岩石，溪流因此蜿蜒向前，流速减缓。无论我在哪个城镇、哪个村庄长大，它都是那样令人赞叹。能够呼吸、思考和快乐的空间是如此广阔无边，置身其中便能自由地享受没有现代负担的生活。森林似乎无边无际。我在它提供的庇护下找到了自己的声音。树木为我内心滋长的好奇心提供了一座精神上的教堂。大自然也许是我一生中最令人信服的宗教体验的主人。

我不是唯一一个有这种体验的人。无数的声音齐声唱出对我们生活的世界的敬畏之情。尊重树木就是以一种谦逊的态度生活，正如赫尔曼·黑塞（Hermann Hesse）所说：

> 树木有久远的思想、悠长的呼吸和闲适的宁静，正如它们的寿命比我们的长一样。树木比我们聪明，只可惜我们根本不去听它们在说什么。但是，一旦我们学会了倾听树木的声音，我们思想的简洁、敏捷和孩子般的匆忙就会使我们获得无与伦比的快乐。

19世纪中期，美国最具批判性的文学巨匠包括爱默生、梭罗和惠特曼。这些名人最深刻的一些作品是日记、诗歌和散文，它们加起来就像一首情歌的配乐，向大自然的威严致敬。正是他们的声音奠定了当今环境保护主义的基础。

乡村生活为我提供了广阔的空间、丰富的声音以及和谐的节奏，让我的好奇心得以生长。

空间意味着一切都相隔甚远，中间空无一物。我上学的时候会将手掌贴在校车的玻璃窗上，想象着从我指间穿过的风景被选入一个想象的世界。两个世界间存在着的就是空无一物，这为思想提供了漫步的空间它还是一个提醒我自己有多渺小的天秤。

自然界的声响意味着每天都是一场音乐会。树木的声音听起来像木管乐器，在风中奏响。暴风雨就像树叶、水和土壤奏出的交响乐——你永远无法关掉河流的白噪音。季节则更像是音乐专辑。为心灵提供可以漫步的音乐。这个节奏让我想起我在更大的事业中所扮演的角色。

节奏意味着时间是缓慢的，但不是慢动作。它并不乏味，而是源于大自然掌控时钟的节奏。雪下了一英尺还是一英寸决定了你是否会迟到。有一次，我停在朋友家长长的土路车道上，等着一只熊结束它在水坑里的玩耍。提供时间让心灵漫步。这个速度提醒我，局面并不由我们掌控。

梭罗也在乡村生活过，乡间生活的宁静与广阔让他意识到自己的渺小，提醒他在更大的世界中所处的位置：

在大街上，在社会中，我几乎是卑贱而放荡的，我的生活卑劣得难以形容。再多的金钱或声望也无法将其挽回，甚至是与州长或国会议员共进晚餐！但是，独自一人在遥远的树林或田野里，在不为人知的长满嫩芽的土地上，在布满野兔踪迹的草场里，即使在这样的日子里，天色阴沉，对大多数人来说可能沉闷阴郁，当一个村民在想着他的客栈时，我却找到了自我，我再次感到自己与自然紧密相连，寒冷和孤独是我的朋友。我想，就我而言，这个价值相当于其他人通过去教堂和祈祷得到的价值。我来到我孤独的林地散步，就像想家的人回了家……在这些地方，我仿佛总能遇到一位伟大的、安详的、不朽的、给我以无尽鼓舞的伙伴，虽然看不见，却可与他同行。

梭罗认为他的城市生活卑劣得难以形容——充满了过多的廉价快乐。然而，在遥远的树林中，在田野里，在大地上，他就在那儿，与自然融为一体。他与自然相伴的感觉只能与世人眼中上帝的存在相比。当描述大自然的不朽、宁静和灵性时，他只能将周围环境的宏大与他自己的存在并列，这种存在与宏大相反。它的小并不意味着低劣。小有小的优雅。他经历的正是谦逊。

谦逊是好奇心的必要条件。

梭罗清晰地描述了他最喜爱的户外活动之一散步。他进一步引用了宗教语言，追溯了“漫步”一词的词源，称赞它为我们历史中更重要的一部分：

我一生中只遇到过一两位懂得散步艺术的人，也就是说，懂得散步的人可以说是漫步的天才：这个词妙就妙在源自“中世纪那些游手好闲、在乡下四处游荡的人，假装要去圣地求施舍”。直到孩子们惊叫起来：“圣特雷走了”，一个四处闲逛的人，一个前往圣地的人……一个整天坐在家里的人也许是最伟大的流浪者；但是，从积极的角度来看，漫步者并不比蜿蜒的河流更游移不定，因为河流一直在孜孜不倦地寻找那条通往大海的最短的路。

漫步将我们对自我的关注转移到一个更广阔的角度，去看待这个复杂且满是奇迹的世界。我们对世界抱有一种兴趣。大自然是谦逊的催化剂。大自然的伟大让我们意识到自己的渺小，以及那令人信服的同理心。

小与大之间的舞蹈是一种互惠的形式。人与自然的关系是一种嵌入。当我们与自然的平衡关系断开时，我们就会经历脱嵌。

社会学中“脱嵌”指的是与现代化相关的一个过程，在这个过程中，社会关系历经时间、跨越空间后变得越来越分散，导致传统社会关系的衰落。更重要的是，面对面的交流在日常生活中失去了意义，有亲缘关系的人会住得离对方很远，住在同一个社区的人甚至彼此连话都说不上一句。

早在19世纪初，我们就已经发出了脱嵌的警告，当时先验主义的核心声音来自爱默生和梭罗。19世纪20年代和30年代的一场文学和哲学运动，对当时社会的顺从进行了批评，先验主义敦促人们重新获得独立，自力更生，并对自然抱以深切感激。在1836年里程碑式的文章《自然》（*Nature*）中，爱默生阐述了人类利用自然的四种方式：商品需求（满足人类的基本需求）、审美需求（满足人类对快乐的渴望）、语言需求（相互交流）和行为准则需求（了解世界）。

《自然》一书探讨的中心思想之一就是爱默生的信念，即人类的注意力已被现代生活的需求分散，已经脱离了与自然的互惠关系。爱默生及其他先验主义者认为，19世纪20年代的现代性对人类的注意力是一种过度的分散，现在想来颇具讽刺意味。

要是他们能看到现在的我们就好了！两个世纪后，注意力分散已成为常态。除了推特、Slack和Snapchat等科技应用之外，还存在更大的问题，那就是我们的生活方式怎样决定我们与自然的关系。

根据美国最近的人口普查，乡村地区的面积占全国土地面积的 97%，但其人口只占全国总人口的 19.3%。在全球范围内，联合国预计到 2050 年，68% 的世界人口将居住在城市中心。到 2030 年，世界上预计将有 43 个特大城市，每个城市的居民都会超过 1000 万。

但城市 / 农村的二分法不仅是供政策专家在会议上展示的人口数据和条形图。这是两个相互冲突的世界。巨大的现代性、巨大的城市、巨大的机遇，与小地方、小乡村、小可能性形成了对立。为什么我们要接纳这些叙事？是什么导致我们离自然越来越远？我们如何调和这两个截然不同的世界？

我们的文化美化了城市的生活方式。城市是国际性的，是文化的中心，是商业的温床。城市是机会之地。可如果我们都搞错了呢？如果城市生活的紧张使思考和好奇心失去了呼吸的空间，那该怎么办？嵌入乡村的缓慢节奏，包裹着的正是增强好奇心的谦逊，我们又该如何？

我们选择的生活方式既可以培养我们的好奇心，也可以将它彻底毁灭。我很乐意去城市，把这当作临时解决方案。但我一踏进城市，就想起了为什么我会爱上乡村生活的空间、声音和速度。我们中有太多人已经沉迷于城市赖以建立的行为而难以自拔。

我们对行动的偏见错误地使我们相信乡村生活就是无所事事。

但是，多做一些无关紧要的事并不比少做一些意义深远的事好。诚然，融入自然可能与生产经济相冲突。让我们不要盲目地接受城市神话：故事大多是由那些有经济利益的人操纵的，他们说服我们参与小交易，而不是大生活。也许漫步的人生才是最伟大的人生。

乡村·未来

我们为什么断言城市体验更优越呢？如果不在乡村，我们还能在哪里找到进行激进探索所需的空间？我们能否学会感激乡村生活提供给我们的宁静的避难所？我们如何才能让乡村成为商业和文化创新的新前沿？

我的工作室从建立之初就有一种远程工作文化。工作室更像是一个非正式的合作网络，而不是一个正式的公司：一群分布在全球各地致力于文化变革的设计师、战略家、研究人员、教育工作者和社会企业家。多年来，工作室雇用、委托了 80 多名才华横溢的团队成员。其中大约 70% 的团队成员住在乡村，从威斯康星州的农田到佛蒙特州的山间，再到我们位于罗得岛州詹姆斯敦有 5000 员工的总部。

我们将从本就较少的日常开支中节省下来的钱用于我们称之为季度会议的季节性团队聚会。通常，季度会议会在一些远离城市的乡间田园中举办，比如马萨诸塞州的伯克希尔山脉（Berkshire Mountains）或加利福尼亚州的奥海谷（Ojai Valley）。但在 2019 年底，我们计划在城市中举办 2020 年的第一次季度会议，部分原因是我们可以参加著名建筑师雷姆·库哈斯（Rem Koolhaas）的新古根海姆博物馆展：乡村·未来（Countryside, The Future）。

纽约市的这次季度会议原定于2020年3月中旬举办。但是，这次季度会议最终未能如期举办。本月初，第一例新冠病例在纽约出现。3月7日，州长宣布进入紧急状态，因为纽约市迅速成为疫情的焦点。然后整个世界都被封控了。由于新的远程办公政策，那些有钱又不受约束的纽约人纷纷涌向乡村。城市人口的大量外流改变了城市的面貌。据报道，2020年大约有357万人离开了纽约市，有人是暂时离开，而有人则是永远。哈里斯民意调查公司（Harris Poll）进行的一项全国调查显示，到春季，39%的美国城市居民表示，疫情危机促使他们考虑搬到人口密度较低的乡村地区。

在这场向乡村的大逃离发生之时，世界上最大的一家博物馆关闭了在不夜城举办的关于乡村未来的展览。

在"乡村·未来"展览开展之前，雷姆·库哈斯和他的大都会建筑事务所（the Office for Metropolitan Architecture：OMA）通过主要出版物、标志性建筑和品牌媒体，在推进城市发展的专业讨论方面建立了声誉。大都会建筑事务所的摩天大楼完全无视地心引力；看看该建筑事务所的标志性作品，比如西雅图公共图书馆，以及位于北京的中央电视台总部，就像在阅读一本颂扬城市生活的当代建筑教科书。库哈斯走在了他生活的时代的前面，他在郊区扩张的高峰时期复兴了城市状况，并于1978年写了《癫狂的纽约》（*Delirious New York*）一书。今天，他是这样说的：我对乡村感兴趣的原因和我在70年代关注纽约的原因一样。因为这方面没人关注。

近半个世纪后，雷姆又一次走在了潮流之前。他关注的是地球表面未被城市占据的98%的地方。"乡村·未来"展览是近十年探索的产物，它提出"乡村现在是我们文明最激进的现代组成部分正在发生的地方"。雷姆的合伙人之一、大都会建筑事务所智库的主管萨米尔·班塔尔（Samir Bantal）将“乡村·未来”展览描述为“我们认为城市该有的样子。乡村仍然是新想法和实验真正发生的地方”。

雷姆对发生在乡村的新想法和出现在乡村的实验有了认识，作为一个大部分时间生活在乡村的人，我对此表示欢迎。颂扬乡村生活不算什么新想法。但是，它已经让位于主张城市优越性的主流叙事——这种叙事通常由城市精英撰写，这些城市精英连续几代都看不起乡村社会，甚至质疑其存在的意义。例如，2018 年，《纽约时报》发表了一篇名为《试图“拯救”乡村经济的残酷事实》（*The Hard Truths of Trying to “Save” the Rural Economy*）的文章，文章提出：

> 在过去的四分之一个世纪里，乡村的故事一直都是残酷的经济衰退……如果做什么都无法改变这一现状怎么办？就像一些人建议的那样，除了什么都不做，把美国人口稀少的乡村还给野牛之外，真的没有别的选择了吗？

这显然是一位从未在美国乡村生活过的作家的宿命论观点。乡村与城市的争论说明了我们对 6000 万美国人存有的偏见，而他们居住的土地则占到了全美国土地的 97% 以上。

总部位于密苏里州的尤因·马里昂·考夫曼基金会（Ewing Marion Kauffman Foundation）通过支持非沿海地区的企业家来支持乡村地区，该基金会的克里斯·哈里斯（Chris Harris）表示：对于任何寻求支持美国乡村，并尽可能缩小其公民和经济差距的人来说，要对居住在乡村的人们的能力给予信任，还要听取新的叙事。

哈里斯在古根海姆博物馆“乡村·未来”展开展和闭展的这一年写了这篇文章，对于乡村出现的创新，他提出了一种新的、更具高度的认识。

经过连续几代投资的减少，乡村可能是美国最具创新精神的地方。

乡村领导人、政府和慈善资助者只要敢于打破长期以来关于乡村衰落这一不可避免的假设，就可以利用美国乡村的潜力、人才和创新精神，去建设新的中心地带……我们必须认识到，创新、思想和人员的多样性以及新概念不需要再引入乡村——它们早已存在了。乡村企业家和社会领袖必须始终具有创新精神。

事实证明，乡村一直是激进探索的场所。新情况是，对乡村的关注正在减弱，尤其是在注意力经济时代。城市享受着蜂拥而至的大量奖学金、投资、媒体，以及基础设施等。因此，我们对定义乡村范围的独特条件的理解非常有限。“乡村 · 未来”作为一个展览，最重要的启示是它的确发生了。

在所有关于城市的论述中，我们对乡村又了解多少？我们知道“乡村”这个词的意思吗？美国人口普查局用最常见的词语定义了“乡村”——“一切不是城市的”。我们能做得更好。

乡村是一个神圣的地方，我们从城市的负担中解脱出来，沉浸在大自然的宁静之美中，思考人类的状况，并将乡村作为未来新思想和实验的重要来源。

乡村历来是展开变革的圣地。作为文化发明实验室的乡村值得称赞。1907 年，一个名为“麦克道尔”（MacDowell）的艺术家驻留项目在新罕布什尔州的彼得伯勒成立。当时，该镇的居民还不到 2300 人。如今，小镇的居民已增至 6200。占地 450 英亩的麦克道尔成为一个受有影响力的艺术家欢迎的清修之地，其使命是“通过为天赋异禀、具有创造能力的人提供一个能启发灵感的环境来培养艺术，让他们能够创作出经久不衰、充满想象力的作品”。

作曲家爱德华·麦克道尔（Edward MacDowell）和钢琴家玛丽安·麦克道尔（Marian MacDowell）在前总统格罗弗·克利夫兰（Grover Cleveland）、实业家安德鲁·卡内基（Andrew Carnegie）和金融家 约翰·皮尔庞特·摩根（J. P. Morgan）的帮助下，设想了后来被称为“彼得伯勒构想”（Peterborough Idea）的项目。麦克道尔夫妇最终在新罕布什尔州的乡下建立了 32 个工作室。一个多世纪以来，包括詹姆斯·鲍德温（James Baldwin）、塔那西斯·科茨（Ta-Nehisi Coates）、奥黛丽·洛德（Audre Lorde）、费思·林戈尔德（Faith Ringgold）和伦纳德·伯恩斯坦（Leonard Bernstein）在内的传奇创意人士一次在这里居住数周，甚至数月，把这儿变成了一个想象力夏令营。在这儿取得的成就包括 86 项普利策奖（Pulitzer Prizes）、31 项美国国家图书奖（National Book Awards）、30 项托尼奖（Tony Awards）、32 项美国麦克阿瑟基金会奖（MacArthur Fellowships）、15 项格莱美奖（Grammys）、8 项奥斯卡奖（Oscars）和 828 项古根海姆奖（Guggenheim Fellowships）。

“麦克道尔”是全球 1500 多个艺术家驻留项目之一，该项目为有创造力的思想家和创客们提供时间、空间和独处之所，让他们在壮阔的自然中理清思绪，形成突破性的想法。例如，位于纽约州萨拉托加斯普林斯市（Saratoga Springs）占地 400 英亩的亚多（Yaddo）庄园曾接待过汉娜·阿伦特、杜鲁门·卡波特（Truman Capote）、兰斯顿·休斯（Langston Hughes）、雅各布·劳伦斯（Jacob Lawrence）、罗伯特·洛威尔（Robert Lowell）和马里奥·普佐（Mario Puzo）等贵宾。

在疫情最为严重之时，文化机构亦面临着生存危机，“麦克道尔”的驻留艺术家应邀就“为什么现在是麦克道尔？”这个问题发表看法。正如耶鲁大学教授、小说家苏珊·崔（Susan Choi）在一篇名为《它为新国家愿景的打造提供了空间》（*It Has Space to Forge a New National Vision*）的颇具影响力的文章中所解释的那样：

> 为什么现在是麦克道尔？因为在一个限制似乎越来越多、越来越致力于财富积累这一单一目标，对所有人的自由、正义、机会和富裕越来越不感兴趣的社会里，麦克道尔明显是一种反抗，是一片充满可能性的广阔天地。

现代工作场所已成为平庸的容器。突破性的影响力最好在不同凡响的环境中培养。可能性场所是被设计为非凡体验的环境，在这种体验中，人们能够自如应对。乡村很可能是这些可能性得以实现的广阔场所，或者至少是我们最高层次自我艺术表达的训练场。但乡村也是重塑国家的激进运动的发起之地。

最好的例子莫过于田纳西州乡间的高地民众学校，该校由迈尔斯·霍顿（Myles Horton）于1932年建立，迈尔斯·霍顿被南方基督教领导会议非暴力教育主任詹姆斯·贝维尔（James Bevel）称为“民权运动之父”。霍顿在芝加哥大学时深受简·亚当斯（Jane Addams）和威廉·爱德华·伯格哈特·杜波依斯（W. E. B. Du Bois）的影响，霍顿去了丹麦，研究了他们的民间学校模式。霍顿之所以创立高地民众学校，就是因为他相信“被压迫的民众集体拥有求得解放的策略，而这些策略是个人无法获得的”。

在接下来的几十年里，高地民众学校为民权运动的一些最重要的转折点创造了条件。罗莎·帕克斯（Rosa Parks）、赛普蒂玛·克拉克（Septima Clark）、约翰·刘易斯（John Lewis）和马丁·路德·金（Martin Luther King）都曾在高地民众学校学习过。

国会议员约翰·刘易斯写道：

> 就在第一次来高地民众学校几周后，罗莎·帕克斯目睹了一场争取平等的示威游行，这鼓励她在蒙哥马利的一辆公交车上拒绝给白人让座。她看到黑人传奇教育家赛普蒂玛·克拉克与高地民众学校的创始人迈尔斯·霍顿并肩教学。对她来说，这就是革命性的。罗莎从未见过一个平等的团队在一起工作，她受到了激励。

1935 年，音乐家、社区组织者齐尔菲娅·约翰逊（Zilphia Johnson）第一次来到高地民众学校参加一个研讨会。几个月后，她嫁给了迈尔斯·霍顿（Myles Horton），并很快成为学校发展中的主要力量，从 1935 年到 1956 年，齐尔菲娅担任学校的音乐总监。1945 年，齐尔菲娅与食品、烟草、农业和联合工人组织的成员一起领导了一场针对美国烟草公司的为期五个月的罢工。据说，为了在罢工期间保持工会抗议者的士气，为了纪念每天的抗议活动，他们对福音圣歌《我们终将战胜（我会没事的）》《*We'll Overcome (I'll Be All Right)*》做了新的诠释。齐尔菲娅对这首歌进行了改编和完善，我们今天所听到的《我们终将战胜》（*We Shall Overcome*）这个版本就是齐尔菲娅的大作。

高地民众学校让学生追溯乡村音乐的根源，并将其改编成歌曲，这些歌曲后来成了民权运动的配乐。这种亲近感、批判性教学法和沉浸式的专注使霍顿的教室变成了录音棚，在这里音乐将成为改变国家叙事的催化剂。

为了使我们的声音获得发展，我们需要乡村生活提供给我们的安静的清修之地。我们需要干净的石板、空白的画布、沉浸式的专注来创作经得起时间考验的音乐。

当我们相信自己工作的重要性时，我们就会竭尽全力不让自己分心，重新融入大自然。

马戈（Margo）是 1937 年改编自《消失的地平线》（*Lost Horizon*）的同名电影的女主角，故事发生在被遗落的天堂香格里拉。1958 年，马戈在加州马里布买下了一座牧场。她把它取名为“香格里拉”。在接下来的 60 年里，这片牧场将成为流行乐坛最有影响力的音乐人的目的地，他们在城市生活中寻求独处和短暂的休憩。正如马丁·斯科塞斯（Martin Scorsese）的《最后的华尔兹》（*The Last Waltz*）所记载的那样，在 20 世纪 70 年代，这片牧场被“乐团”乐队（the Band）租用——该乐队与鲍勃·迪伦同时代——乐队将它变成了鼓手所描述的“我们和朋友们可以录制专辑、相互交流音乐的俱乐部兼工作室”。离开香格里拉半个世纪后，乐队的首席吉他手兼歌曲创作人罗比·罗伯逊（Robbie Robertson）又漫步在回忆之路上。他这样写道：

我和乐团乐队一起做的就是证明我们要在这里做一张唱片。我们要让工作室到我们这儿来，而不是我们去其他什么地方，我们走进四堵墙围成的工作室，那地方不属于我们，那是他们的地方。只有让每个人都感到足够舒适，这样才能把工作做到最好，这样的舒适区我们该如何创造？

大家确实在香格里拉全力工作；尼尔·戴蒙德（Neil Diamond）、ZZ Top 乐队、范·莫里森（Van Morrison）、彼得·汤森德（Pete Townshend）、乔·科克尔（Joe Cocker）和埃里克·克莱普顿（Eric Clapton），以及其他的音乐人都在香格里拉标志性的录音室录制了唱片。2012 年，香格里拉被音乐制作人里克・鲁宾（Rick Rubin）买下，成为艺术家们的禅意绿洲。可能鲁宾最为人所知的是与拉塞尔・西蒙斯（Russell Simmons）共同创办了 Def Jam 唱片公司，并帮助推广嘻哈音乐，培养出了野兽男孩（Beastie Boys）、公敌乐队（Public Enemy）、Run-DMC 说唱乐队、詹姆斯・托德・史密斯（LL Cool J[①]）和 Jay-Z[②] 等艺术家。鲁宾在音乐界有着近乎神话般的地位，被公认为寻找自己声音的音乐家的精神看门人。阿黛尔（Adele）、艾德・希兰（Ed Sheeran）、艾米纳姆（Eminem）、Lady Gaga 和坎耶・维斯特（Kanye West）等艺术家都曾与鲁宾及其团队合作过。2019 年一部关于香格里拉的纪录片指出，鲁宾的极简主义、简约设计和墙上不挂任何艺术作品都是刻意为之：“我们的想法就是不要在墙上挂任何艺术品。如此一来，你的大脑会尽可能放空。如此一来，你在想的就不是一幅画，你必须想出一个点子来。”

考虑到环境在艺术创作中所起的关键作用，鲁宾分享道：

有些我们不理解或无法解释的事情却经常发生，这就像对这些事情发生的可能性持开放态度，甚至还可能支持它们发生。你不能让它们发生，但我们可以创造一个有利于它们发生的环境。

我对这一点深有体会。这番话简要概括了我对乡间美景的热爱。它揭示了鲁宾不仅是一个热门专辑的制作人，他还是一个为可能性的出现创造条件的创造者。我们该如何将乡村当作一个有利于创造非凡可能性的环境开始赞美呢？

---

① 詹姆斯・托德・史密斯（James Todd Smith），他更为人熟知的名字是 LL Cool J。这个名字是“Ladies Love Cool James”（意为：女人都爱酷詹姆斯）的缩写。——译者注

② Jay-Z，原名肖恩・科里・卡特（Shawn Corey Carter）。——译者注

塞缪尔·默克比（Samuel Mockbee）是第五代密西西比人，1992年进入奥本大学（Auburn University）建筑学院。塞缪尔成为“乡村工作室”这个独特项目的联合创立人，“乡村工作室”是一个以设计为中心的项目，在可持续、健康的乡村生活，以及我们必须推进的重要系统方面培养新兴建筑师，以确保社会的蓬勃发展。位于亚拉巴马州格林斯伯勒大学（Greensboro）校园150英里外的“乡村工作室”很快便成了一个沉浸式的生活实验室。

每个学期，默克比都会和一群学生深入黑尔县（Hale County）的各个社区，黑尔县是美国最贫困的地区之一（普利策奖得主詹姆斯·艾吉（James Agee）和传奇摄影师沃克·埃文斯（Walker Evans）在1941年出版的记录了大萧条的《现在，让我们赞美伟大的人》（*Let Us Now Praise Famous Men*）就是在黑尔县创作完成），默克比和学生们在当地建造了房屋和基础设施。

“乡村工作室”的学生是崭露头角的艺术家，他们将当地居民视为客户，而不是慈善服务的接受者。正如默克比所说：

无论贫富，每个人都应该有一个心灵庇护所。

“乡村工作室”的学生们学习了建筑、材料、施工以及整个建造体系方面的知识。但最重要的是，他们学会了文明、公民参与和我们对彼此的责任：礼仪架构。默克比坚信“建筑师不仅可以帮助我们发现什么是高尚，还能帮助人们创造机会来实现他们天生的高尚品格”，“乡村工作室”正是在默克比这一信念形成的社会教育学的推动下创立的。

2001年，默克比死于白血病，年仅57岁。但“乡村工作室”——默克比版的“香格里拉”——仍在蓬勃发展，在亚拉巴马州的乡村完成了 200 多个项目，培养了 1200 多名学生。每年都有 50 名学生在乡村社区生活、工作，与当地民众建立信任，不只想象可以做什么，而是想象应该做什么。“乡村工作室”的这些项目曾在纽约惠特尼美国艺术博物馆和威尼斯建筑双年展上展出，并在《奥普拉脱口秀》(*The Oprah Winfrey Show*) 上亮相。

“乡村工作室”的现任负责人安德鲁·弗里厄 (Andrew Freear) 是默克比发起的激进调查的支持者，他是这样说的:“我们鼓励有抱负的年轻建筑师对他们设计和建造的建筑所产生的社会、政治和环境后果履行责任。”

无论是詹姆斯·鲍德温在“麦克道尔”推出的催化写作，罗莎·帕克斯在高地民众学校接受的激进主义教育，Lady Gaga 和阿黛尔在“香格里拉”培养的成熟音乐素养，还是“乡村工作室”在人尽皆知的黑尔县建造的再生建筑，乡村都为我们提供了一个激发我们最大潜能的环境。我们可以将乡村当作远离平庸的清修之地：一个从事非凡的创造性实践并有望改善人类状况的地方。

乡村确实是诞生新想法、做出新尝试的地方。也许乡村是唯一能提供空间、让我们独处的所在，这正是激进探索所需要的。

价值

我们越远离他人的经历，越远离他人的痛苦，对自己以外的生活就越缺乏同理心。我们需要对根本的生命问题给出答案，要珍视生命，放弃目前对经济增长的过度关注，转而追求所有生命系统的幸福和繁荣。

生存经济学让想象力成为一种奢侈品

我们已经到了想象力不平等的地步了吗？想象力是人类的基本需求吗？当我们为填饱肚子而拼尽全力时，又如何在生活中为激进的好奇心腾出空间呢？社会能否超越生存经济学，让每个人都拥有想象力？

不平等造成了一种预先存在的社会状况。我们生活在一个生存经济学的时代，在这个时代，想象力已经成为一种奢侈品。当我们成为满足需求的囚徒时，生存经济学就像一个旋转木马，让人难以逃脱。生存经济学又像一个拒绝满足的系统。我们要用所有可用的时间、心灵空间和耐力来勉强生存下去。事情处理的速度要求我们不能慢下来，而对有意义的平静生活的追求就会被这种需求所束缚。当增长成为主要的经济目标时，仅是足够远远不够。

在一个不那么以人为中心的经济中，压抑的心跳给人们留下了一个小小的舞台，梦想着明天会更好。因此，我们开始将探究和想象力看作我们“只是没有时间去追求”的奢侈品。像“火车在轨道上行驶时修不了火车”或“飞机在天上飞的时候修不了飞机”这样的说法是隐藏的应对机制：即没机会发挥想象力的假象。事实是我们总是一边开飞机一边修飞机。

没有时间去想象的谬误将我们束缚在我们已知的生活模式上，这些模式正在崩塌，与我们不再有关联，而且还可能对我们造成伤害。我们让这些假象永久化，告诉自己由于太忙于处理不断增多的事务而没时间停下来质疑它们。结果是自我实现的预言。当每个人都相信一种充满创造力的生活、一种极端好奇的生活，是为别人准备的，此时我们已经不经意地把想象力变成了一种与我们的身份脱节且总是遥不可及的奢侈品。我们不应该接受失败，而应该为我们的创造性生活去奋斗。想象力是一项人权。

对于太多人来说，激进的好奇心长期以来一直遥不可及，因为经济现实从制度上阻止了他们行使想象力这项人权。如果一个家庭正在为不让家人饿肚子而拼尽全力，想象力确实是奢侈品。为生存竭尽全力会使我们的想象力失去效力。然而，想象力是人类的核心。

根据美国人口调查局发布的数据，2018 年，3810 万美国人生活在贫困线以下：个人贫困线为 12 784 美元，两人家庭的贫困线为 16 247 美元，四口之家的贫困线为 25 701 美元。

根据美国贫困组织提供的信息，在一个被低估的关键统计数据中，美国人口中将近 29.9%，即 9360 万人被认定为“接近贫困”，收入低于官方贫困线的两倍被定义为“接近贫困”。这意味着 2018 年，超过 9300 万美国人的收入不到 25 500 美元。让我们先停一会儿，看看这个数字——在这个世界上最富有的国家里，总共有 1.317 亿人生活在贫困中或接近贫困。

这只是导致麻省理工学院经济学家彼得·特明（Peter Temin）声称美国已经倒退到发展中国家的令人警醒的现实之一。新经济思维研究所在对彼得·特明所著《正在消失的中产阶级：二元经济中的偏见和权力》（*The Vanishing Middle Class: Prejudice and Power in a Dual Economy*）一书的评论中指出：

特明使用了一个著名的经济模型来描述美国的不平等程度。这个模型是用来理解发展中国家的。该模型是西印度群岛圣卢西亚岛[①]经济学家威廉·阿瑟·刘易斯（W. Arthur Lewis）的杰作，他是唯一一位获诺贝尔经济学奖的非裔科学家。这一模型第一次被应用于美国问题的研究，体现了系统性的精准度。其结果令人深感不安。在刘易斯的二元经济模型中，许多低薪行业对公共政策几乎没有影响力，这一点说得没错。高薪行业将压低其他行业的工资，为自己的企业提供廉价劳动力，这一点说得没错。社会控制被用来阻止低薪行业挑战高薪行业所支持的政策。高薪行业中最富有的成员的首要目标是降低税收，这一点说得没错。社会流动性和经济流动性由此降低，这一点还是没说错。

我们需要弥合我们所钟爱的美国梦的神话与摆在我们面前的证据之间的距离。美国人再也没有时间做梦了。

1963年，经济学家兼统计学家莫莉·奥珊斯基（Mollie Orshansky）开发了美国政府使用的官方贫困衡量标准。奥珊斯基贫困线是一个完全由营养经济学定义的模型——我们能负担得起生存所需的食物吗？可我们知道，人类需要的不仅是基本的营养和住所。事实上，我们需要的更多。我们是否可以设想给马斯洛需求层次理论增加新成员，其中就有好奇心？

在马斯洛需求层次理论中，较高的需求在较低的需求得以满足之前是无法得到满足的。没有获得生存所需的最基本的资源，我们又怎么能去思考、产生好奇呢？历史学家鲁特格尔·布雷格曼（Rutger Bregman）在他激动人心的TED演讲中，整理了普林斯

① 原英属西印度群岛圣卢西亚岛，现为圣卢西亚共和国。——译者注

顿大学一项研究的见解，该研究考察了由贫困引发的匮乏心态造成的影响。

事实证明，贫困对生活的影响相当于智商下降了14分。现在，为了让你有更明确的概念，这相当于失去一夜的睡眠或酗酒造成的影响。

关于贫穷那耗费时间精力和分散注意力的本质如何阻碍我们进行长期思考并将我们抛入生存主义状态，布雷格曼发起了讨论，他引用了乔治·奥威尔的话："因为，当你接近贫穷时，你会有一个比其他发现更重要的发现……事实是贫穷毁灭了未来。"

没有想象力，我们便无法思考未来。

我们的经济现实剥夺了超过1.3亿人想象未来的时间和空间。

我们需要重建我们的道德标准，判断什么是人类经历、哪些有可能成为人类经历。我们的经济只有在为更多的人服务时才能正常运转：不仅为我们提供维持生存水平的资源，而且还为我们提供提高生活质量的机会。我们需要超越生存经济学，直到想象力不再是奢侈品，而是所有人都能获得的基本营养来源。

活出生命的意义

我们对生命的逝去变得麻木了吗？如果我们珍视生命，那这生命是否包括所有的生物，包括存在于我们星球上的所有生命系统？随着现代社会的演进，我们将继续关注如何活出生命的意义这个古老话题。

“黑人的命也是命”这一论断中引发分歧的究竟是什么？美国人出于什么心理让这句话成为一种引发争议的表达？如果一个社会还在争论谁的命更重要，那就有点荒谬了。

《周六夜现场》的固定栏目《周末新闻播报》的联合主持人迈克尔·彻（Michael Che）在奈飞的喜剧特别节目《迈克尔·彻：事关紧要》（*Michael Che Matters*）中强调了这种荒谬：

我们再也无法在任何事情上达成一致了。作为一个国家，我们无法达成一致。任何事都会让我们吵架。甚至在“黑人的命也是命”这件事情上意见都不一致。有人说，“我认为每个人都应该拥有和其他人一样的权利。”还有一些人会说：“不，孩子，我不同意。我可不这么想。”

角斗士型的喜剧演员的力量在于将语言和幽默作为一种澄清事实的手段。一个角斗士型的喜剧演员不会直接对某一看法下定论；相反，他会邀请我们这些观众，让自己得出这个结论。在迈克尔·彻精彩的独白中，隐藏着更深刻的问题。其中最重要的是：

我们珍视生命吗？

这个问题给了海地电影制作人、政治活动家哈乌·佩克（Raoul Peck）以触动，哈乌·佩克以获奥斯卡提名的纪录片《我不是你们说的黑鬼》（*I Am Not Your Negro*）而闻名，该片讲述了詹姆斯·鲍德温（James Baldwin）的一生和美国的种族问题。HBO 的纪录片《消灭所有的野兽》（*Exterminate All the Brutes*）就是佩克后续的大作。通过研究历史上各国的白人至上主义，这部纪录片为"我们珍视生命吗？"这个问题提供了最令人信服的答案。这部纪录片是一部诚实同时令人感到恐怖的杰作。它利用动画、情景重现、音乐、数据、历史文献和佩克自己无所不知的叙事来直面人类一再犯下的种族灭绝的恶行。佩克在片中展现了不可否认的一点：纵观历史，人类并不珍视生命。

很多时候，我们不惜一切代价来回避这种冲突。当然，我们不会美化人类历史的缺陷。但我们也没能以正确的方式面对这些缺陷。我们会抹去人类历史中的哪些部分呢？我们会赞美哪些故事，又会对哪些故事矢口否认？这就引出了另一个问题：谁是这些故事的主人？这就是佩克在引导我们穿越历史的过程中要求我们借以看清历史的一个中心镜头，他让我们注意到这样一个事实：谁最终"获胜"，谁就能构建这个历史故事。《消灭所有的野兽》不仅解构了历史的官方叙事，而且对历史故事如何被以强化霸权叙事重写提供了批判性的评论。

佩克问道，造成历史悲剧是否因为我们缺乏知识——是否因为我们无知。但“西方世界正陷入恐慌之中，一种疯狂的螺旋式的恐慌，他们正谈论着‘文明的冲突’”。……所以，《消灭所有的野兽》的结论是，造成历史悲剧的原因不是因为我们缺乏知识。佩克花了四个小时对这个问题进行了严谨阐述，最后得出了无可争辩的结论。自十字军东征以来，“对真相的了解进行否认或压制确实有好处”。到底发生了什么，我们一直都很清楚；白人至上主义是明摆着的，毫不掩饰。问题是，当否认人性的傲慢没有得到正视时，这个世界缺少了什么？我们的勇气又在哪里？

我们的勇气又在哪里？多么人性化的问题！多么激进的好奇心！詹姆斯·鲍德温有句名言：“人们如此执着于仇恨，我认为原因之一在于一旦仇恨消失，他们只能面对痛苦。”但我们长久以来对仇恨抓得太紧，活得太过安逸，以至于我们似乎无法将其割舍，就像不忍心丢掉一条破旧的婴儿毯一样。似乎我们在当代的对话中遇到了转机。遗憾的是，那个转变不是一种进步，而是一种麻木。

在美国，真正的问题不再是种族主义和基于仇恨的暴力是否存在于国家认同中。真正的问题是，为什么一个拥有如此丰富资源、大量顶尖人才和自诩道德至上的国家要努力保护人类的生命。

2021年春，查尔斯·麦克雷·布洛（Charles M. Blow）写了一篇题为《愤怒是我所剩的唯一语言》（*Rage Is the Only Language I Have Left*）的颇具影响力的专栏文章。

如果我们问自己是否珍视生命，我们必须拓展对“生命”一词的积极定义，使其包括所有的生物，所有的生命系统。我们珍视地球的健康吗？

如果说哈乌·佩克的纪录片解构了将霸权主义视为一种针对他人暴力行为的主流历史叙事，那么近年来，我们看到越来越多的故事讲述者开始重新构建人类与自然关系的叙事。从大卫·爱登堡（David Attenborough）讲述的《我们的星球》（*Our Planet*）到《国家地理》（*National geographic*）呈现的《一块奇怪的岩石》（*One Strange Rock*），我们的技术可以捕捉到展现生命庄严的惊人图像，这或许提高了我们对生命的认识。然而，仅在舒适的客厅里看到和体验我们星球上的奇迹是不够的。即使在我们对自然世界重拾尊重的时候，我们还在将其“视为异类”。我们越远离他人的经历，越远离他人的痛苦，我们对自己以外的生活就越缺乏同理心。通过屏幕观看自然奇观只会让我们离它更远，只能强化人类体验与自然界分离的观念。

在纪录片《亲吻大地》（*Kiss the Ground*）中，约书亚（Joshua）和丽贝卡·蒂克尔（Rebecca Tickell）揭秘了农业部门的做法，这些做法加速了水土流失，破坏了我们复杂的微生态系统。这部纪录片还通过考察农耕和农业工业化的历史，阐释了我们对人类生命的贬低和对生命系统的漠视之间的联系。

我们的过去让我们不完美，但它也激励着我们成为最好的自己。即使在人类主动灭绝生命的最骇人听闻的例子中，我们也能找到心怀希望的理由，那些人对“我们是否珍视生命”这个问题的唯一看似理性的答案表示赞同——活出生命的意义。

这实际上是大屠杀的幸存者、维也纳人维克多·弗兰克尔（Viktor Frankl）所写的一本书的标题。弗兰克尔经历了现代历史上最重大的悲剧之一，他继续推动心理健康领域的发展，为积极心理学的研究铺平了道路，而积极心理学研究的正是什么让生命最有价值。

弗兰克尔在《活出生命的意义》(*Yes to Life: In Spite of Everything*)一书中说道：

> 现在的问题不再是“我期望生活能给我什么”，而只能是“生活期望我做什么”，生活中有什么任务在等着我？……生命的意义这一问题如果以通常的方式提出，那便不是该问题提出的正确方式：被允许询问生命意义的并不是我们——是生活提出问题，向我们提出问题……必须回答问题的人，必须对永恒的、每时每刻都在发生的生命给出答案的人，必须对根本的“生命问题”给出答案的人，是我们。生命本身就是被质疑：我们的存在只不过是对生命的回应——对它负责。

弗兰克尔在讨论中引入了另一个层面的思考，提出了我们长期以来所接受的以人为中心的世界观的转变。除了我们是否应该支配彼此以及支配自然的问题之外，弗兰克尔还质疑我们是否该将自己视为主要的参与者。也许问题不在于我们是否珍视生命，而在于生命是否珍视我们。

抛出这个问题或许会提供一种有用的谦逊。如果不重新调整我们对繁荣的观念，我们就无法珍视生命，这里的生命指的是所有的生命。珍视生命的价值可能需要我们放弃目前对经济增长的关注，转而欣然接受多种生命系统幸福安康的价值。

繁荣的概念源于希腊语“eudaimonia”，意为“快乐、安康、繁荣和幸福”。这个词可以追溯至亚里士多德，他第一次使用“伦理学”一词来命名苏格拉底和柏拉图发展的一个研究领域，该领域旨在探究人类如何才能更好地生活。对亚里士多德来说，幸福是人类最高级的善。在哲学话语中，人们一致认为幸福代表一种理想，一种生活富足的繁荣。我想说的是，这可能是一个会引发我们强烈好奇心的讨论点。

总部设在伦敦的战略与创新集团“泡沫一代”（Bubble-generation）的总裁、思想领袖乌梅尔·哈克（Umair Haque）对我们是如何将经济与幸福混为一谈进行了对比。他在自己颇受欢迎的博客中写道：

如果我问你，“这个国家的经济状况怎样”，你可能会让我看GDP、收入和生产率。如果我问你，“这家公司的经济状况如何”，你会指给我看该公司的总收益和每个员工的成本等。但如果我问你，“先等等，这个国家、这个公司、这个城镇、这家组织机构到底运营得如何？人们的生活真的在发展、在繁荣吗”，那么你可能就会皱起眉头，大脑一片空白。这二者是不一样的，不是吗？今天，我们看到整个经济都可以“增长”——但不知何故，人类的可能性、人类追求自我实现的生活，却没有“增长”。旧的模式——组织机构的存在仅是为了达成收入最大化这一经济目的——已经被彻底打破。那就让我们来改变它吧。任何事的经济价值都取决于这件事产生收入的速度和数量。但一件事的幸福感取决于这件事能给我们带来多少生活：如何创造幸福、可能性和财富。生活是对自我实现的追求——你的、我的、我们子孙的、我们星球的。幸福学提出了这样的问题：我们的这一追求是否取得了成果？生命是否蓬勃发展、开花结果、不断变化、实现了最大的可能性？同样的道理，彩票中奖者最终还没有中奖前快乐，所以一个组织经济上的成功，无论这个组织是一个城市、一个公司，还是一个国家，并不能保证它创造了更好的生活。与经济学相反，幸福学是创造真正美好生活的艺术。我们未能及时创造的每一点幸福快乐都将成为我们未来必须付出的代价。

对于经济和社会繁荣而言，珍视生命尤为必要，就像它对人类繁荣也很必要一样。我们会在商业中讨论机会成本的概念。其基本概念是，存在一个价值、一个经济商数，它代表了在不同的决策、不同的情境下可能放弃的潜在收益。对此，我一直在思考。

经济学

研究人们如何与价值互动的社会科学；尤其关注的是商品和服务的生产、分配及消费。

幸福学

意为通过自我实现和找到生活中有意义的目标而获得幸福或满足。

我们决策的机会成本是什么？阿富汗花费数万亿美元的战争的机会成本是什么？种族歧视的机会成本是什么？气候变化的机会成本是什么？对公共卫生的投资不足的机会成本又是什么？不珍视生命的代价已经变得异常昂贵。那些对我们毫无益处的想法究竟造成了多少浪费？当我们寻求乌托邦式的登月计划时，我们经常被告知钱不够。但我相信，如果我们将经济运行系统重新打造成一个珍视生命的系统，我们或许会发现丰富的资源。这个新系统关心所有的生命体，关心人类以及其他生物。如果我们重新致力于护理经济学，我们的 GDP 又会提升多少？

除非我们重新调整繁荣的概念，将幸福纳入其中，而不仅是经济上的富足，否则我们将付出高昂的代价。然而，幸福感不会出现在电子表格、GDP 的计算结果或股票的股息中。但幸福感是所有人都看得见的。

如果幸福感成了主要的目标，那我们的国家会变成什么样子？

为之奋斗的乌托邦值得吗

我们对乌托邦的渴望不存在了吗？这种渴望暂时休眠了吗？我们是否已经失去了想象力，进而失去了想象更美好未来的能力？为什么我们对改造世界的故事失去了兴趣，而对世界崩溃的故事开始着迷？乌托邦还值得为之奋斗吗？

1989年，我和父亲去阿迪朗达克的斯特兰德剧院参加电影《梦幻成真》(*Field of Dreams*)的首映式。建于1924年的斯特兰德剧院采用的是古典复兴风格，观众席在剧院的最底层，凸出的前门正位于市中心的街道上——剧院的招牌由背光照亮，字母都是一个个挂上去的——红色天鹅绒座椅见证了剧院在这一个世纪的时间里上映过的所有电影。我记得当时和爸爸一起看电影是多么骄傲。感觉就像和一个大人一起进行秘密的实地考察。

凯文·科斯特纳（Kevin Costner）主演的《梦幻成真》讲的是一个经典的美国故事：一个位于中西部的农业区，一种对棒球的怀念，一场中年危机，以及一次信仰的飞跃。在这部电影中，科斯特纳饰演的雷·金塞拉（Ray Kinsella）听到了一个神秘的声音，催他砍掉自家的玉米，在玉米地建一个棒球场，他与多年前去世的父亲约翰的鬼魂将在棒球场上团聚并和解。在影片的最后一幕，这次会面得以实现。二人用最少的对话演绎了父子之间最典型的亲密：父子二人玩起了接球游戏。这一幕以电影中最令人难忘的一段对话结束：

约翰：这是天堂吗？

雷：不是，是……艾奥瓦州。

约翰：艾奥瓦州？

雷：没错……

约翰：我发誓这就是天堂。

雷：真的……有天堂吗？

约翰：哦，对了。这是梦想成真的地方。

说完这些话，电影的画面在落日的余晖中掠过农场。雷的妻子和女儿在远处，在一座美国哥特式农舍的环绕门廊上互相胳肢对方、咯咯地笑、荡着秋千。此时恰到好处地响起了音乐。雷停顿了一下，说道：

也许这就是天堂。

罗杰·艾伯特（Roger Ebert）这样评价这部电影："这更像是一部弗兰克·卡普拉（Frank Capra）执导、凯文·科斯特纳主演的关于梦想的电影。"

事实上，这部影片是关于梦想的，也是关于可能性的。这部影片讲述了如何在好奇心的指引下生活，并敢于发问："人生的意义到底是什么？"

科斯特纳饰演的角色雷是典型的浪漫主义者，为了实现自己的梦想他牺牲了家庭唯一的收入来源，而不管这个梦想是否符合常识。

他建造了一个棒球场，作为一座信仰不可能事物的大教堂，这样做很冒险，却是信仰的一次大飞跃——向普通人说明大胆、奇妙、幻想中的事是行得通的。这不仅是一部关于梦想的电影，更是一个关于乐观的故事。你会情不自禁地带着充满幻想的眼睛和重新燃起的信心离开影院：也许一切皆有可能，不管这个理想有多荒谬。

乐观从何而来？对那些看似可能或不可能之事，我们又如何形成自己的期望？作为自己生活中的个体，或者作为国家这个集体，我们如何分辨什么是力所能及，什么是力所不及？作为一个社会，我们如何才能变魔术般创造出如此宏大的梦想，让我们甘愿为之冒一切风险？我们知道如何想象出替代当前现实的理想选择吗？我们知道如何保护那种相信乌托邦可能实现的深层乐观体验吗？

早在艾奥瓦州建立之前，我们就相信理想是可能实现的。

乌托邦——一个理想社会——的概念可以追溯至公元前 375 年左右，当时柏拉图写了《理想国》一书。柏拉图在书中探讨了正义的意义和幸福的本质，并邀请我们想象一个由哲学家国王统治的理想城邦。

1516 年，托马斯·莫尔（Thomas More）出版了一部名为《乌托邦》的小说。这部小说将“乌托邦”一词奉为我们现代词汇对想象中虚构社会的神圣表达，“该社会的公民拥有高度理想或近乎完美的品质”。

“乌托邦”这个词来自希腊语，前缀“ou”，意为“不是”，“topos”意为“地方”。乌托邦确实不是一个地方，它有雄心壮志，只是我们能力不及。它不是具体所在，却可成为任何理想之地。

从地理上讲，乌托邦与任何民族聚居地没有关系。

但从道德和哲学上说，乌托邦与所有民族的价值观联系在一起。

乌托邦是想象世界存在新方式的实验室。乌托邦同时也是道德困境。乌托邦向我们展示各种场景来测试我们看重的究竟是什么：如果我看重的是经济安全，我该继续收割玉米来支付抵押贷款吗？如果我看重的是梦想，我能将梦想变现为价值吗？

主动地问自己我们看重的是什么，我们当下的理想是什么，这其中的重要性怎么强调都不为过，尤其是身处迷茫的中间期。在文化过渡期，对乌托邦的积极追求不是将我们送达目的地的工具，而是发现目的地可能在何处的迭代过程。我们如何构建未来的世界？我们能将对乌托邦的追求常规化吗？我们曾经做到了。

“明日世界”这个说法也许能给我们一些线索。

1939 年，纽约举办了以“明日世界”为主题的世界博览会，这也是乌托邦的一次伟大实验。

世界博览会（以下简称“世博会”）是一种乌托邦式的表达，是参展国展示自己理想形象的机会。“明日世界”世博会没有让人失望。1939 年的世博会是一座占地 1202 英亩的名副其实的思想校园。开幕日的重头戏就是阿尔伯特·爱因斯坦的演讲。35 家美术馆展出了从达·芬奇、米开朗琪罗到伦勃朗等大师的伟大作品。《大宪章》（*Magna Carta*）的副本首次离开英国，在英国馆展出。由通用汽车公司赞助的特色展览和试驾体验“未来之旅”，设想了 20 年后汽车旅行的样子，并首次向美国人介绍了高速公路的概念。美国无线电公司（RCA）推出了第一台电视机。到 1940 年 10 月世博会结束时，已有超过 4400 万人参加了此次盛会。

世博会是思想的奥运会。世博会就像是模拟器，用来测试我们对未来不断演进的愿景。

只有一个问题，就在美国人去电影院观看《梦幻成真》的同时，国会正在准备立法，最终制定了一项法律，禁止动用公共资源参加世博会。从某种程度上讲，这是在美国举办的上一届世界博览会的遗留问题。这届世界博览会于1984年举办——对于一个失败的乌托邦来说，这是一个不祥的讽刺之年——总共只吸引了700万游客，比1939年的“明日世界”世博会减少了80%以上，尽管在这四五十年间，美国的人口增长了近200%。最致命的一击是，本届世博会最终破产，无力支付大多数承包商和供应商的费用，这让美国陷入尴尬的境地，以至于有人呼吁通过立法，最终禁止美国参加今后的世博会。但世博会并没有消失，只是美国已经不再重视它了。

2005年，2200万游客参加了以“大自然的智慧”（Nature's Wisdom）为主题的日本世博会。在一份富有远见的声明中，世博会的组织者宣称：

我们必须团结起来，分享我们的经验和智慧，为人类创造一个既可持续又与自然和谐相处的新方向。

2008年，西班牙举办了以“水与可持续发展”为主题的世博会。鼎鼎大名的伊拉克裔英国建筑师扎哈·哈迪德（Zaha Hadid）为世博会设计了一座展览馆“桥馆”（Bridge Pavilion），太阳马戏团（Cirque du Soleil）每天都会举行名为“蛇之觉醒”（The Awakening of The Serpent）的游行表演。鲍勃·迪伦甚至专门为这届以水为主题的世博会录制了他1963年的经典歌曲《大雨将至》的新版本。这届世博会有超过100个国家参展，却不见美国的踪影。

自1984年美国举办世博会以来，世界其他国家已经举办了23届不同的世博会，其中有几届耗资数十亿美元。虽然不少美国人可能认为世博会已经消失，但事实上，真正消失的是这个国家公民的想象力。

从美国消失的乌托邦实验是怎么回事？是美国人不再渴望参与想象这个工程，还是他们只是忙于其他事情？距离上次在美国举办世博会已近 40 年，两代美国公民在成长的过程中都没有机会体验这种想象力的展示。他们是否已经忘记了如何想象一个更美好的未来？

思考未来有益健康。为未来而奋斗、对未来进行思考既是字面意思，也有比喻之意，都是为我们想要的社会所做的努力。这些都是设计。因此，世博会或许就是终极设计项目。

正如 1978 年诺贝尔经济学奖得主赫伯特·西蒙（Herbert Simon）所说：

每个人之所以设计行动方案，就是想将现有情况变为所期望的……自然科学研究的是事物何以如此，设计关心的则是事物何以必须如此。

然而，在生产经济中，我们对“设计”的定义已经简化为创造产品，将事物作为具体物品制造出来。但设计也是一种将现有情况转化为首选情况的实践。在其最佳状态下，设计就是讲故事，就是对乌托邦潜力的想象。我们需要这些关于未来的故事。毕竟，我们经常活在讲给自己的故事中。

我们仍然在给自己讲故事。讲那些世界末日的故事。

科斯特纳在扮演艾奥瓦州那个有梦想的美国农民雷仅六年之后，又自导自演了电影《水世界》（*Waterworld*），这是一个后世界末日的故事，故事发生在极地冰盖融化后的无边无际的海洋上。1997

年，他又主演了电影《邮差》(*The Postman*)，这是一部新西方式电影，以虚构的未来美国为背景，影片中的美国陷入了长达16年的战争、瘟疫和政府垮台之中。自1989年科斯特纳主演的《梦幻成真》以来，已经有200多部好莱坞大片被归类为世界末日故事:《雪国列车》(*Snowpiercer*)、《疯狂的麦克斯》(*Mad Max*)、《遗落战境》(*Oblivion*)、《重返地球》(*After Earth*)、《世界末日》(*Armageddon*)、《魔鬼末日》(*End of Days*)、《天地大冲撞》(*Deep Impact*)、《2012》、《后天》(*The Day After Tomorrow*)、《我是传奇》(*I Am Legend*)、《僵尸世界大战》(*World War Z*)、《寂静之地》(*A Quiet Place*)和《不要抬头》(*Don't Look Up*)等，不一而足。仅这15部电影的总收入就超过了50亿美元，在过去的30年里，电影行业从这种反乌托邦式的叙事中分得的利润就高达数百亿美元。

我们已经对建设世界的故事失去了兴趣，但围绕着文明崩溃的故事建立起了繁荣的经济。

美国人对世界博览会的拒绝和他们对毁灭世界的故事的痴迷只是他们排斥乌托邦思想的两个例子。

1933年，在以“明日世界”为主题的世博会开展的六年前，一群离经叛道者聚集在北卡罗来纳州阿什维尔郊区的农村。受约翰·杜威(John Dewey)的“教育是一种整体实践”理念的启发，他们决定摒弃传统大学的等级制度，建造了一所占地667英亩的学院，这所学院隐藏在湖边的山林中。这所由约翰·安德鲁·赖斯(John Andrew Rice)创立的学院是一个激进的实验，一个乌托邦式的学习、生活和创意的社区。在仅仅24年的历史中，这所学院接待了艺术家约瑟夫(Josef)和安妮·艾尔伯斯(Anni Albers)、建筑师瓦尔特·格罗皮乌斯(Walter Gropius)、画家罗伯特·马瑟韦尔(Robert Motherwell)、抽象派艺术大师赛·托姆布雷（Cy Twombly）、跨学科艺术家罗伯特·劳森伯格（Robert Rauschenberg）、舞蹈家兼舞蹈编导梅尔塞·坎宁安（Merce Cunningham）、诗人兼音乐家约翰·凯奇（John Cage）、创意设计师巴克敏斯特·富勒（Buckminster Fuller）、画家弗朗兹·克莱恩（Franz Kline）、画家威廉（Willem）和伊莱恩·德·库宁（Elaine de Kooning）、哈勒姆文艺复兴（Harlem Renaissance）的传奇人物雅各布·劳伦斯（Jacob Lawrence）、科学家爱因斯坦，以及诗人威廉·卡洛斯·威廉姆斯（William Carlos Williams）。这所学院后来被称为“黑山学院”（Black Mountain College）。最早加入实验学校的约瑟夫和安妮·阿尔伯斯也是学校最有影响力的教师。

乌托邦的梦想能在北卡罗来纳州的山区发生，能在艾奥瓦州的玉米地里发生，能在将举办 2025 年世博会的日本大阪发生。为了让这些故事成为我们的现实，我们必须明确乌托邦是值得我们为之奋斗的。

想象力是宝贵的自然资源

为什么社会没有认识到想象力是创造价值的有力工具？当社会面临各种各样看似无望的挑战时，想象的语言如何帮助我们应对？我们如何重新想象未来的出路？

2010 年，IBM 进行了一项具有里程碑意义的研究，涉及来自 60 个国家 33 个行业的 1500 多名首席执行官，对他们认为未来商业成功的最关键因素进行探讨。一个令人惊讶的结果出现了。首席执行官们提到的最重要的品质是创造力，而不是其他传统上与商业相关的技能。在采访中，这些高管表示，当前的环境日益复杂且越来越模糊，这种环境需要商业模式的改变并具备发明和驾驭颠覆性创新的能力，在这样的环境中创造力应优于一切。

然而，社会并没有把创造力放在首位。商业、政府以及教育领域亦如此。现实世界中忽视创造力的证据令人震惊。

2020 年，特朗普政府连续第四年宣布其拟议的联邦支出，还起了个颇具讽刺意味的标题“美国未来的预算”，该预算将取消对美国国家艺术基金会（National Endowment for the Arts，NEA）和国家人文基金会（National Endowment for the Humanities，NEH）的资助。最终的联邦预算包括为美国国家艺术基金会拨款约 1.6 亿美元，这与该机构十多年来每年的资金缺口相差无几。相比之下，同一年，联邦政府对国防部的拨款超过 7000 亿美元，使得联邦政府的艺术预算仅占军事预算的 0.02%。

在艺术想象上投入的财力仅是在战争上投入的百分之二。

衡量一个国家价值观的最重要指标是看它如何分配资源。为了使这一点更加真实可信，不妨想想过度炒作且问题缠身的 F-35 战斗机项目将在 55 年内花掉近 1.5 万亿美元。这是一个天文数字，如果按每年约 280 亿美元均摊，F-35 战斗机项目的年度拨款相当于每年近 175 个美国国家艺术基金会的全部预算。

我们投资于我们看重的东西。那么我们为什么不重视艺术呢？为什么我们不重视创造力呢？我们真的了解创造力吗？

尽管想象力和创造力是人类历史上最具标志性的成就，甚至是人类的一个决定性特征，但我们对它们仍抱有极大的怀疑，那些拥有想象力和创造力的人仍会让我们深感不安，想象力和创造力在社会、商业和公民生活中所能发挥的作用依旧让我们感到困惑。对于想象力和创造力的不理解阻碍了我们的发展。

想象力和创造力一直被归为软技能，是企业资助的“课外活动”，而不是企业成功的关键驱动力。部分问题在于，想象力、创造力和艺术长期以来都是在生产经济的叙事中被定义的。这本身就是个错误。当我们谈到“艺术门类”或“艺术”时，常常是站在商业和金钱的角度。即使是以“为艺术的超凡动态价值建立认可和支持”为使命的美国艺术协会（Americans for Arts），也要通过对经济数据的分析来阐述自己的观点。他们的新闻稿如下：

《艺术与经济繁荣报告5》(*Arts & Economic Prosperity 5*)是关于非营利性艺术和文化产业对经济影响的第五项研究……全国范围内，非营利性艺术和文化产业在2015年产出了1663亿美元的经济活动，其中艺术和文化组织的支出为638亿美元，观众活动的相关支出为1025亿美元。这些经济活动提供了460万个就业机会，为地方政府、州政府和联邦政府创造了275亿美元的收益(远远超过了它们获得的总共50亿美元的艺术拨款)。

这种对投资回报的关注是一种对艺术价值极为有限的定义方式。问艺术这个非营利领域产生了多少利润，想想都觉得荒谬。这个问题本身就是错的。难道我们认为投资艺术的原因就是为了创造收入，用税收补充政府的金库吗？我们相信艺术和文化产业是我们社会中唯一涉及想象力的领域吗？为了改写这些叙事，我们要承认“艺术”不是有形的物品，而是可以应用于多个领域的过程。我们要认识到，代表“艺术”的物品、表演和产品只是这些过程的产出。

当我们着手解决棘手的大问题时，我们倾向于关注两个关键因素：结果是什么、花费是多少。这些问题都没问对。一个更好的问题可能是：我们将使用什么流程来应对我们面临的挑战？如果想象是一个过程，这个问题也可以被表述为：我们将怎样、由谁、何时、何地运用我们的想象力来解决任何有待解决的问题？

为了证明想象力的存在，我们需要更充分的论据。更聪明地将想象力和创造力作为过程：将它们看作观察的方法、解决问题的方法，以及跨多种语言表达的方法。这与科学方法没什么不同。然而，我们并不觉得有必要为科学方法的存在辩护，就像我们为创造力的存在辩护一样。相反，我们会问科学方法该如何应用。它能帮我们治愈癌症吗？它能帮我们结束或减轻痛苦吗？我们也应该对想象力提同样的问题。事实上，这些问题是相关的。因为如果无法想象痛苦我们便无法仅凭科学来缓解痛苦。

为了释放想象力，我们需要精通想象力的语言。我们所说的创造力，就是能够理解想象力、释放想象力的价值，并将其作为一种领导能力和日常实践。

正如作家、知名的艺术和文化教育倡导者肯·罗宾逊爵士（Sir Ken Robinson）所言："我认为创造力就是发挥想象力……创造力是产生有价值的原创想法的过程。"

今天，商业中最具竞争力的工具来自各种各样的语言，这些语言都在人们的想象范畴之内。领导者开始学习这些语言，并将其运用到商业环境中。例如，设计思维领域最重要的人物之一并不是设计师，而是多伦多罗特曼管理学院（Rotman School of Management）的前院长罗杰·马丁（Roger Martin），他出版了一本名为《设计思考就是这么回事！》（*The Design of Business: Why Design Thinking Is the Next Competitive Advantage*）的书。同样，广泛运用想象力的主要倡导者也不是艺术家，而是商业思想家丹尼尔·平克（Dan Pink），他在《全新思维：决胜未来的六大能力》（*A Whole New Mind: Why Right-Brainers Will Rule the Future*）一书中大胆宣称："艺术硕士（MFA）就是全新的工商管理硕士（MBA）。"

虽然已经采取了一些措施来大规模地推行创造力，但深入挖掘想象力语言并释放想象力所带来的巨大潜力的努力仍处于起步阶段。让我感兴趣的是想象力和创造力在质疑过程中所扮演的角色。具有创造力的人看到、听到和颠倒问题本源的方式，本质上与激进好奇心的思维模式类似。在最广泛的定义中，研究创意如何挑战和质疑假设，从而阐明将产生影响的见解，这一影响必定是符合时代需求的。

看看詹姆斯·鲍德温在一篇不太知名的文章《创造过程》（*The Creative Process*）中极具感染力的描述：

> 艺术家与社会上其他负责任的行动者——政治家、立法者、教育家和科学家——的区别在于，艺术家就是他自己的试管、他自己的实验室，他按照非常严格的规则工作，就算这些规则未曾明说，他也不允许任何的考虑、斟酌取代他的责任，去揭示他可能发现的有关人类奥秘的一切。一个社会必须承认有些事情是真实存在的；但艺术家也必须知道，可见的现实背后隐藏着更深刻的现实，而我们所有的行动和成就都建立在那些看不见的事物之上。一个社会必须假定是稳定不变的，但艺术家应该知道，他也必须让我们知道，天底下没有什么事是一成不变的……艺术家不能也不应该认为凡事都是理所当然的，而必须深入每个答案的核心，揭示答案中隐藏的问题。

鲍德温将创造力以一种问答对话、一种舞蹈表演的形式呈现出来。当我们努力寻求更好的答案时，我们必须努力提出更好的问题。大多数答案都带有偏见、既定的意识形态以及一套束缚我们的知识假设。鲍德温认为，艺术家在社会中的角色就是成为这些答案的质询者。答案本身是流动且不稳定的，因为见识总在增长。因此，艺术家有责任揭示我们已有答案中的裂痕、偏见以及过时的假设。不断地要求更多的答案，将它们进行延展，直至其断裂，这样我们就能发现现有知识的极限——然后对其进行扩展。

因为天底下没有什么是固定不变的，连知识也不例外。

世界面临着重大挑战，也面对着巨大的、势不可挡的、可怕的问题。于是，人们会自然而然地采取一种失败主义的立场：画家、作曲家或设计师能给经济不平等、全球公共卫生危机以及地球毁灭这类复杂问题带来什么？

把画笔带到法庭、会议室或急诊室，这该多么愚蠢可笑？然而，当我们的世界与一个又一个邪恶的问题做斗争时，我们开始觉得好像我们已经向各行各业——政治家、医生、律师、管理专家和慈善家——寻求解决方案。因此，也许是时候让艺术家、创意人员和所有专业的想象力运用者认真对待这些棘手的挑战了。

我们可能需要稍微改变一下现状、打破一些规则、跨越一些传统界限，重新审视那些看似不可移动的障碍。以气候变化为例。根据最近的一份报告估计，与气候变化相关的风险预计将在未来五到十年内使企业损失 1 万亿美元，这既是一场经济危机，也是一场生存危机。

正在展开的这场叙事是一个关于复杂性的案例研究。我们从一系列相互关联的变量中收集科学数据的能力，超过了我们用熟悉的讲故事的方式表述情况的能力。我们努力将气候变化的科学解释成这样一种方式，是为了让更多的人能够理解这些概念。气候变化这个主题因其语言难以理解而背负着沉重的负担，进一步扩大了我们每个人的生活方式与科学家和政策专家提供的整体图景间的脱节。这场危机的规模难以想象。又有谁真的愿意去想象科学告诉我们的那些可能会发生的情景呢？

《联合国气候变化框架公约》（*The United Nations Framework Convention on Climate Change*）于 2021 年初发布了首份综合报告《国家自主贡献》（*Nationally Determined Contributions*），以评估实现《巴

黎协定》（*Paris Agreement*）目标的进展情况。这一具有里程碑意义的国际协议旨在到 2030 年将气候变化限制在 1.5℃以内。让我们记住，《回到未来 2》（*Back to the Future II*）中的飞行汽车出现在想象中的 2015 年，然而令人失望的是，这并未实现。但随着时间的推移，2030 年更容易被我们想象到。

加深我们对未来气候情景的理解，认识到气候变化将是我们的孩子一生中的重大威胁，已经变得愈加紧迫。盖洛普民意测验所的一项民意调查显示，55 岁及以上的美国人中有 56% 的人担心气候变化，而他们的子女和孙辈（年龄在 18 至 34 岁之间）中竟有 70% 的人担心气候变化。在 2019 年的联合国大会上，勇敢的格蕾塔·通贝里（Greta Thunberg）证明了代沟的存在，16 岁的她看着在座的长辈及各国领导人的眼睛，宣布道：

> 这一切都是错的。我不应该出现在这里。我应该回到大洋彼岸的学校去。然而，你们都想从我们这些年轻人身上找到希望。你们怎么敢说这种话！你们用你们的空话偷走了我的梦想和童年……目前大家都认可的想法是在 10 年内将排放量减少一半，这只给了我们 50% 的机会将温度的上升控制在 1.5 摄氏度以下，并有可能引发人类无法控制的不可逆的连锁反应……因此，50% 的风险是我们根本无法接受的——要承担后果的是我们。

在越来越多用来理解地球变暖后果的词中，我们发现了“气候焦虑”这个词。最近的一项全国调查显示，气候变化让 57% 的美国青少年感到害怕，43% 的人感到绝望。在另一项调查中，87% 的受访者表示，他们对即将到来的气候危机感到非常焦虑，这种焦虑甚至影响了他们至少一项日常生活的能力。

希望已然供不应求，因为令人绝望的信息对我们进行了狂轰滥炸。站在理性角度来说，可能没有太多的证据表明我们还有希望。

但希望是一种超越理性的状态。正如瓦茨拉夫·哈维尔（Vǘclav Havel）所阐述的那样，希望是一种精神状态，而不是世界存在的状态。他将希望描述为：

> 一个精神目标，一种心灵归宿；超越了直接体验到的世界，存在于地平线之外的某个地方……希望和乐观绝对不是一回事。希望不是坚信事情会有好的结果，而是确信这件事有意义，无论结果如何……最重要的是，正是这种希望给了我们活下去的力量，给了我们不断尝试新事物的力量，即使此时此刻，我们的处境看起来毫无希望。

希望需要想象力：对我们看不到的或根本不存在的事物进行想象的能力。社会和企业面临着各种各样看似无望的挑战，从普遍存在的不平等、心理健康疾病的流行到迫在眉睫的气候危机，都需要我们用想象力来应对。

气候变化的挑战是真实存在的。利用美国地质调查局的数据，我们可以看到灭绝事件的时间表，既包括生物灭绝，也包括即将耗尽的矿物和原材料。例如，目前预测铜将在 2027 年开采殆尽，黄金将在 2043 年开采殆尽，铂将在 2049 年开采殆尽，锂将在 2053 年开采殆尽。地球由成千上万种不可再生的基本资源组成，而想象力不在其中。

想象力是一种可再生的自然资源。

想象力植根于神经科学中被称为心理合成的现象：即我们的大脑将已知的图像或概念结合起来产生新想法的能力。这种能力被认为是人类独有的特征，使我们有别于其他生物。

运用心理合成，将其由理论转化为行动，正是想象力与商业的交汇之处。如果商业的功能是连接基础设施、将人们动员起来，并创造出价值，那么商业和想象力就能紧密地交织在一起，连接理论和实践，左脑和右脑，以及计划和行动。

我们所面临的挑战，无论好坏，都是我们自己取得的成功的后果。考虑到我们已经想象出了世界的现状，我们便可以重新想象我们的出路。

以 Weather Makers 为例，这是一家致力于“全面工程”的荷兰公司。公司的联合创始人泰尔斯·范德赫文（Ties van der Hoeven）在快速发展的再生农业和生态系统新领域中发了声。“再生农业”一词描述的是农业和畜牧业的做法，通过重建土壤的有机物质和恢复其退化的生物多样性来逆转气候变化，这样做除了其他好处外，还能减少碳排放，改善水循环。

范德赫文受到了黄土高原等实例的启发。位于中国西北部的黄土高原，其面积几乎相当于整个法国，但已经变成了干燥、贫瘠、侵蚀严重的土地。正如电影制作人约翰·丹尼斯·刘（John D. Liu）拍摄的纪录片《绿色黄金》（*Green Gold*）所记录的那样，在 20 年的时间里，由中国科学家李锐主导的再生法将沙漠变成了绿洲和多产的农田。

我们能想象吗？一个面积相当于法国的区域，某一天变成了棕色沙漠，用了一代人的时间又变成了郁郁葱葱的绿色生态系统？我们能否摆脱那些阻碍我们考虑这种可能性的限制？驱使我们相信这是不可能的逻辑——甚至是非理性的——正在阻止我们考虑实现不同凡响之事的其他机会。也许常识并不那么常见。

当然，这其中还有不少道德问题，不仅关于我们能做什么，还关于我们应该如何利用现在全人类共享的科学进步。这些重要的对话应该向想象力敞开怀抱。即使我们可以永生，我们应该永生吗？即使我们做得到，我们应该在火星上建立定居点吗？我们的技术超过了我们的道德素养。

但再生农业并不是科幻小说中对“创世纪星球”的改造，就像 40 多年前《星际迷航 3：寻找斯波克》（*Star Trek III: the Search for Spock*）在大荧幕上想象的那样。这只是关于人类如何成为生命系统管家的主流叙事的转变，而不是对这些生态系统实施统治。我们不应该努力扮演上帝，测试道德的界限，而是应该首先去除我们自己的上帝情结。

这种想法，以及由此产生的干预，引发了一个问题：我们面临的挑战中有多少是我们自己造成的？

如果我们把这么多看似棘手的问题看作可以解决的问题，如果我们放弃那些让问题悬而不决的普遍假设，我们该享有多么大的自由啊！想象力可以成为这种自由的催化剂。

想象力不仅是一种提供更智能的解决方案的语言，想象力也能激励他人去相信。在我领导布鲁斯·茅的设计思维创意工作室时，他就曾经这样说过：

实现真正改变的唯一方法是向人们展示一个比过去更令人兴奋的未来，并激励他们在通向未来的旅程中共同努力。

时间、劳动力和金钱也是不可再生的资源。但想象力可以再生。正如玛雅·安吉罗所说的：“创造力是用之不竭的。你用得越多，得到的就越多。”

想象力或许是这世界上最宝贵的自然资源。

实践

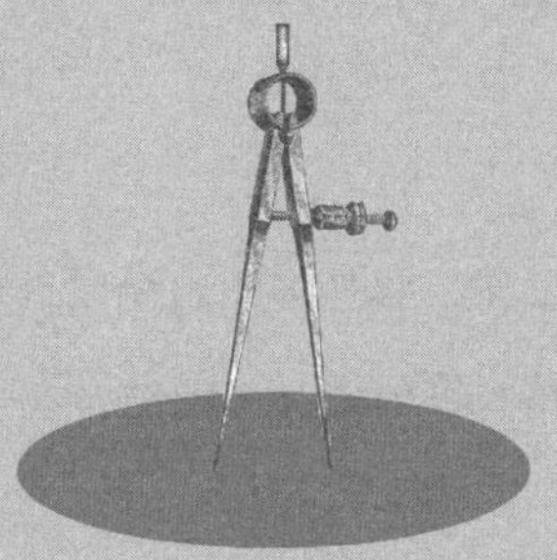

旅行能够拓宽我们的视野，丰富我们的世界观。新体验不仅能够增加我们的知识储备，还能为新观念的诞生腾出空间。不论是地理上的距离，还是心灵上的探索，我们都在不断拓展着自身可能性的边界。

好奇心的 28 要素

1. 触达半径

旅行的距离会扩展我们的世界观，新体验不仅丰富我们的知识，还使得假设退居幕后，新信仰由此诞生。无论从字面上来讲，还是从比喻角度来说，我们都扩大了可能性的半径。

2. 主动休息

主动休息不是不工作，而是将休闲视作目标。积极的休息，进行有意义的探索。当我们将教育和假期结合在一起时，我们的工作和生活就达成了平衡。

3. 反学习

学习意味着获得新技能。反学习是一种跳出现有心理模型，接受新模型的技能。元认知是 21 世纪最重要的技能。

4. 颠覆性指标

当新的价值观在社会中出现时，我们赖以生存的叙事就会被颠覆。颠覆性指标指的是那些表明叙事正在发生变化的事件、行为以及模式——就像早期的探测声呐一样。

5. 社会契约

社会契约作为默认协议，是由信任和成功的结果推动的，它与负责其利益相关者福祉的机构共享权力。一旦信任被打破，这些协议可能就变得无关紧要。

6. 两极分化造成的方向迷失

有不同的观点是好的。但随着时间的推移，许多问题上的两极分化会造成方向的迷失，进而引发混乱。我们叙事的凝聚力也就不复存在。

7. 外在性意识

在自己的水族箱里游泳时，我们很难看清自己。理解我们自己之外的观点需要与他人对话。作为关系行为者，我们的意识来源于他人。

8. 愿景、工具、影响

战略是在不确定条件下实现目标的计划。制定战略框架需要一种基于探究的方法，将宏大的文化变革的愿景、工具和影响整合成法规。

9. 慢工作

如今，被无休止地打断已成为常态——它正在侵蚀我们的能力，让我们无法完成有意义的工作。就像我们需要快速眼动睡眠来体验深度的、健康的和恢复性的休息一样，我们需要慢工作来体验不受打扰的时间，从而理清复杂的思绪，获得深度的清晰。

10. 时间膨胀

我们都以不同的方式体验时间。文化背景有一种引力，影响着我们接受和接纳新思想的方式。时间膨胀解释了这种变化，以帮助我们更好地理解我们接受变化的速度。

11. 拥抱慢时间

与直觉相反，我们需要慢下来才能更快。慢时间提供了一种新的声音景观，带来了我们迫切需要的清晰度，让我们在刺耳的噪声中听到了自己的声音。

12. 现在的未来

时间中的事件不仅是历史，也是可能的未来的原型。“现在的未来”借鉴了非洲未来主义崩溃的过去、现在和未来的模型，以形成不同的可能性。

13. 基于敬畏的领导力

敬畏感挑战了我们对世界的理解。基于敬畏的领导力通过质疑我们深信不疑的真理，并调整我们的思维模式以接纳深刻的思想，从而将奇迹引入我们的生活。

14. 青年心态

青年是介于童年和成年之间的阶段，在这个阶段，一切都是崭新的。青年心态让我们用好奇的眼光看世界，相信未来充满潜力，愿意去体验发现的乐趣。

15. 感官体验

生活不是一张时间表，而是一连串的不期而遇。感官接触让我们获取了知识，加速了洞察力的诞生——但前提是我们能够接受、理解和解读我们周围的各种语言。

16. 第四空间

有意义的对话需要特定的场所。我们的第一空间是家，第二空间是工作场所，第三空间是社会空间，第四空间则是我们通过对话和想象力塑造未来的地方。

17. 意义为药

痛苦是因为幸福感的缺失。在一个全面丧失常态的时代，意义是防止痛苦蔓延的良药。

18. 集体实现

自我实现是这样一种体验，即成为最好的自己。但今天，我们的社会体系如此紧密地交织在一起，相互依存，只有当个体取得了成功，集体才能蓬勃发展。只有集体获得了发展，才能迎来繁荣。

19. 失谐的幽默

我们在对世界的期望和对世界的体验之间找到了幽默。观察和表达生活中的许多矛盾是喜剧的核心原则，也是传递和接受文化批评的有力方式。

20. 乌拉！

当人们达成了非凡壮举时，会用“乌拉！”来表达感激之情。在当今的职场，“乌拉！”是一种对杰出人才称呼和承认的方式。“乌拉！”体现了一种基于同理心的领导风格。

21. 生态谦逊

生态谦逊是一种重新定位的心理模型，即将人类视为地球的客人，而不是自封地球资源的提取者。生态谦逊将人类从地球生态图的中心移走，将人类作为生命系统复杂性的一部分，而不是与生命系统分离，也不是凌驾于生命系统之上。

22. 通过散步培养信任

通过散步陪伴他人，不仅能够让心灵得到放松，进而激发非线性思维，还能在无形中打破社会地位壁垒，增进彼此间的信任。同时，这种多感官的沉浸体验可以有效地屏蔽外界的干扰，让陪伴更加纯粹和深入。

23. 脱嵌

“脱嵌”描绘的是社会关系在时间与空间维度上不断割裂的现象，全球文化的广泛传播、数字社会构建的虚拟社区以及对即时信息的便捷获取，正逐步将社会联结从实体环境的束缚中解放出来，实现超越物理界限的扩展与重塑。

24. 可能性场所

现代工作场所已成为容纳平庸之辈的所在。突破性的影响力最好在特殊的环境中培养。可能性场所是特意为非凡体验而设计的环境，人才可以在这样的环境中脱颖而出。

25. 不平等

对于那些生活在贫困中的人来说，生存已经耗尽了全部的时间和精力。因此，想象力成为社会上大部分人都负担不起的奢侈品。当大多数人不再具备想象力时，我们就都输了。

26. 至善

“至善”是古希腊的哲学概念，重视的是人类最高的善：道德、美德、幸福、安康。在当代生活中，积极心理学将“至善”解释为一种与生活目标感相关的繁荣状态。

27. 想象力

我们不仅要对事物的现状进行抗议，还要想象事物未来的样子。想象力是对现有条件提出替代方案的能力。如果我们要实现更美好的未来，我们就必须去观察、进行实验并制作出原型。

28. 可再生资源

想象力是世界上最宝贵的自然资源。我们往往太过注重管理不可再生资源，殊不知，与其努力最大化固定变量，不如去开发那些能够产生更好解决方案的无形资源。

致谢

这本书是我充满强烈好奇心的丰富人生的结晶，很早之前我就知道该这样理解它。在沿着学习、工作和验证想法的这条轨迹前行的途中，我遇到了一群才华横溢的人，无论他们是否意识到曾经帮过我，他们都慷慨地给予我帮助、指导，为我指明研究方向。

对于为我提供指路信号的各位，我要在此表达深深的感谢，感谢德巴 · 帕特奈克（Deba Patnaik）、彼得 · 霍金（Peter Hocking）、苏珊娜 · 莱茜（Suzanne Lacy）、布鲁斯 · 普赖斯（Bruce Price）、杰西 · 谢夫瑞（Jessie Shefrin）、大卫 · 阿贾耶（David Adjaye）、安 · 汉密尔顿（Ann Hamilton）、克尔基斯多夫 · 沃蒂兹科（Krzysztof Wodiczko）、保罗 · 米勒（DJ Spooky）、丹尼尔 · 佩尔茨（Daniel Peltz）、查理 · 坎农（Charlie Cannon）、卢克 · 杜布瓦（Luke Dubois）、克莉丝 · 科尔曼（Chris Coleman）、拉蕾 · 迈赫兰（Laleh Mehran）、艾琳 · 特拉普（Erin Trapp）、约翰 · 希肯卢珀（John Hickenlooper）、布鲁斯 · 茅（Bruce Mau）、兰迪 · 菲亚特（Randi Fiat）、亚历克斯 · 博古斯基（Alex Bogusky）、奥普拉 · 温弗瑞（Oprah Winfrey）、克里斯蒂娜 · 诺曼（Christina Norman）、史蒂夫 · 格罗思（Steve Groth）、巴尔布 · 格罗思（Barb Groth）、玛雅 · 科汉（Maya Cohan）、凯特 · 泰尔（Kate Thiel）、丹 · 沃克（Dan Walker）、亚历克斯 · 杰达德（Alex Jadad）、玛莎 · 加西亚（Martha Garcia）、道恩 · 丹比（Dawn Danby）、艾维 · 罗斯（Ivy Ross）、布鲁斯 · 沃恩（Bruce Vaughn）、巴尼 · 派尔（Barney Pell）、娜迪亚 · 德拉库瓦（Nadya Direkova）、蒂姆 · 欧赖利（Tim O’ Reilly）、索尔 · 格里菲斯（Saul Griffith）、安妮 · 伯杰龙（Anne

Bergeron)、贝丝·康斯托克(Beth Comstock)、巴里·弗鲁(Barry Frew)、唐·辛普森(Don Simpson)、梅丽莎·布莱克(Melissa Blake)、弗恩·詹维尔酋长(Chief Vern Janvier)、格雷戈里·约翰逊(Gregory Johnson)、丹尼斯·杨·史密斯(Denise Young Smith)、雷克斯·博思韦尔(Rex Bothwell)、斯蒂芬妮·菲尔(Stephanie Fehr)、玛丽亚·萨尔兹曼(Marian Salzman)、斯蒂芬·普赖尔(Stefan Pryor)、尼古拉斯·费尔顿(Nicholas Felton)、本杰明·布拉顿(Benjamin Bratton)、唐迪纳·布兰得利(Dondeena Bradley)、库尔特·格拉夫(Kurt Graves)、李周(Trung Lee)、安娜·卡诺-莫拉莱斯(Anna Cano-Morales)、艾利森·克鲁尼(Alison Croney)、索尔·卡普兰(Saul Kaplan)、萨莎·狄克特(Sasha Dichter)、艾瑟·戴森(Esther Dyson)、罗恩·欧汉利(Ron O'Hanley)、安德鲁·祖克曼(Andrew Zuckerman)、塔门·加西亚(Tamen Garcia)、克丽丝·奇基(Kris Geekie)、鲍勃·米歇尔(Bob Mitchell)、布赖恩·戈德纳(Brian Goldner)、昆腾·哈迪(Quinten Hardy)、切利恩·贾达(Cheline Jaidar)、拉里·库帕德(Larry Kopald)、美和·马特亚特(Miwa Matreyek)、比尔·莫格里奇(Bill Moggridge)、莫里斯·内桑森(Morris Nathanson)、艾米丽·诺顿(Emily Norton)、摩温·瑞梅尔(Morgwn Rimel)、杰伊·罗杰斯(Jay Rogers)、里卡多·匹兹-威利(Ricardo Pitts-Wiley)、大卫·麦康维尔(David McConville)、阿伊莎·卡纳(Ayesha Khanna)、阿曼达·洛克(Amanda Rock)、德克尔·罗尔夫(Decker Rolph)、莱斯利·施洛克(Leslie Schrock)、常玉·狄龙(Sanyu Dillon)、迈克尔·凡图拉(Michael Ventura)、安德鲁·杨(Andrew Yang),以及许许多多给予我帮助的人。

在此,我要特别感谢大卫·德雷克(David Drake),身为出版商的大卫很快就成了我的朋友，他的耐心和求知欲给了我信心；感谢塔利亚·克罗恩（Talia Krohn），作为我的智力搭档，她的编辑能力让本书的条理更清晰了；感谢马特·英曼（Matt Inman），他明确地引导本书向终点迈进，对本书的完成起到了决定性的作用；感谢尼古拉斯·洛克（Nicholas Rock）、莎拉·拉比诺维奇（Sarah Rabinovich）、达莉亚·尼古拉维娃（Daria Nikolaeva）和塔玛拉·格鲁辛（Tamara Grusin），他们团队将本书的愿景和文字转化为优雅的表达。

我要对亨利·戈登伯格（Henry Goldenberg）和莫娜·戈登伯格（Mona Goldenberg）夫妇致以深深的谢意，他们的爱、他们的幽默和对公共事务的积极参与为我树立了榜样，为比自己更伟大的事业服务，这成为我想象力翱翔的基础。